跟我学演讲

GEN WO XUE YANJIANG

CHUZHONG BAN

初中版

丛书策划 刘玉英
丛书主编 崔跃松
本册主编 管以东
本册副主编 张小勇 王群芳 何 娜
本册参编 董雪梅 黄 峥 曹玉祥 杨 婷
孙长石 宿红涛 耿 杨 巨威红
陶明星 梁 波 丁 睿

时代出版传媒股份有限公司
安徽科学技术出版社

图书在版编目(CIP)数据

跟我学演讲:初中版 / 管以东主编. --合肥:安徽科学技术出版社,2023.3

ISBN 978-7-5337-6643-6

Ⅰ.①跟… Ⅱ.①管… Ⅲ.①演讲-青少年读物②口才学-青少年读物 Ⅳ.①H019-49

中国版本图书馆 CIP 数据核字(2022)第 162147 号

跟我学演讲 初中版 主编 管以东

出 版 人:丁凌云 选题策划:刘玉英 责任编辑:王 勇
责任校对:李 茜 责任印制:梁东兵 装帧设计:王 艳
出版发行:安徽科学技术出版社 http://www.ahstp.net
(合肥市政务文化新区翡翠路 1118 号出版传媒广场,邮编:230071)
电话:(0551)63533330
印 制:合肥坤尚包装印刷有限公司 电话:(0551)65696315
(如发现印装质量问题,影响阅读,请与印刷厂商联系调换)

开本:710×1010 1/16 印张:10 字数:180 千
版次:2023 年 3 月第 1 版 2023 年 3 月第 1 次印刷

ISBN 978-7-5337-6643-6 定价:28.00 元

前言

为提升国民语言文字应用能力，以提高中华民族口语表达能力为己任，发挥安徽省演讲学会特有的专业优势，为青少年演讲与口才能力的提升提供专业的学习、培训教材，特策划编写了这套适用对路、实践性较强的读本，为广大学生、家长和教师服务。

本套读本分小学版、初中版和高中版，其中小学版分低年级、高年级两个分册。

遵循“敢说、会说到能说”演讲规律，我们建立了以演讲主题内容为主线，糅合演讲技巧训练于其中的双线融合的编写模式。

本套读本紧扣时代主旋律，紧扣学校教学教材内容要求，也紧扣了定位读者的思想及需求。本套读本具有以下特点：

1. 思想性

一方面，教学内容包括所引例文，突出了社会主义核心价值观，有正确的育人导向；另一方面，读本中引导教师发挥了教学中所蕴含的思想影响，使中小学学生在学习、训练演讲与口才的同时，接受一定的思想品德教育。

2.科学性

“演讲”就是演说，“口才”就是说话的才能。口才不能先天而生，也不能轻易获得，它有自己的逻辑结构、发展规律。只有充分认识它、掌握它，才能很好地运用于社会日常交往。编写本套读本时，我们突出了演讲这门综合艺术的科学性、专业性，既有演讲内容、形式的示范指导，也有诸如节奏、情感、语调、肢体语言等技巧的辅导。

3.针对性

本套读本的读者对象以青少年为主，编写时，我们贴近了学生，提高适宜性、针对性，从培养青少年演讲学习的兴趣出发，通过通俗易懂的形体动作训练、语言训练和儿歌、诗文朗读，绕口令、学讲故事等趣味教学方法，在富有情趣的训练中，增强孩子们的节奏感、记忆力和表现力。

可以说，本套《中小学跟我学演讲》的出版，一方面，是为了进一步推动和配合读书活动的开展，促进课堂教学和孩子们素质能力的提升及心理健康教育的发展；另一方面，也是我们作为一个专业性比较突出的社会学术团体，近些年在演讲普及、演讲比赛、演讲研究等方面经验与成果的呈现，体现了我们新时代演讲人的责任与担当。

安徽省演讲学会

《中小学跟我学演讲》编委会

目录

第一课

自我介绍演讲

情境导入

崭新的七年级悄然而至，学生们既兴奋又紧张。为了让同学们更好地融入班级，更快地熟悉彼此，黄老师在开学第一天布置大家拟写一篇“介绍自己”的演讲稿，下周一进行演讲。

新学期第一周在同学们的兴奋中飞一般地逝去。第二周的某个大课间，同学们欢呼雀跃，四处奔跑，只有小刘同学头顶乌云，一脸沮丧。原来，他的演讲稿被黄老师打回来要求重写了，黄老师指出：这篇演讲稿堆砌辞藻，通篇大话、套话，也缺少感染力……于是，小刘同学熬了个通宵几易其稿，反复斟酌。当他信心满满地把稿子交给黄老师时，他从老师的表情里明显读出了不满意。可是，究竟怎么才能把演讲稿写具体、写生动呢？小刘同学一筹莫展。

案例呈现

追梦少年

“梦想是石，敲出星星之火；梦想是火，点燃熄灭的灯；梦想是灯，照亮前行的路；梦想是路，带我们远行！成长的路上，我愿做个坚定的追梦少年！”

小时候的我，调皮好动，话又多，妈妈就把我送进了口才班。那个时候，我还不知道什么是梦想，只是觉得演戏很好玩。

二年级时，我参加的比赛、活动多了，出去玩的时间就变少了，一有时间，不是练小提琴就是练习读稿子。那时候，我在心里暗暗怨怪妈妈。

一次参加比赛，时间紧，稿子长，对于当时七岁的我来说，太难了！那时，妈妈就是我的辅导老师，她一遍又一遍教我，不知不觉都快晚上十点了，我昏昏沉沉地站着，望着窗外黑洞洞一片，想到了我的伙伴们都已经睡着了，我真的很后悔，为什么要参加这个比赛！

第二天，我在比赛中得了第一，台下掌声如雷，叫好声声！那种感觉，真好！妈妈也对我竖起了大拇指，我高兴极了！完全忘了昨晚那些沮丧的想法，只想着要继续努力，以得到妈妈的肯定，得到更多的掌声和荣誉！

渐渐地，我越来越喜欢参加各种演艺比赛，喜欢那种刻苦训练后的充实感，喜欢那种表演成功后的满足感……梦想，在我的心中悄然萌芽！

一次比赛结束后，突然下起了大雨，妈妈骑着那辆破旧的电瓶车带我回家。我坐在车后座上，看着妈妈正在滴雨的发梢和湿透的后背，心里酸酸的，梦想的芽儿，在我心中茁壮成长——我一定要做一名成功的演员，我要让辛苦的妈妈为我骄傲！

就这样，在妈妈的支持下，我不断地参加各种演出、比赛，也取得了一点成果。就在去年，一个好机会来了！《巴啦啦小魔仙Ⅱ》摄制组在全国选拔小演员，我一路过关斩将，顺利杀入了全国总决赛！最令人开心的是，我被导演一眼看中，出演了现正在北京拍摄的《巴啦啦小魔仙Ⅱ》中的富家子弟——姚永富……好吧，我听到有笑声，是的，虽然这是一部女孩子看的电视剧，而且我又不是主角，但我还是很开心，因为我终归是在梦想的道路上迈出了一小步！

追梦路上，总有困难。就在前不久拍戏的那段时间，正好赶上了很重要的七年级期末考，拍戏和考试，到底选择哪个？我开始犹豫了，然而，一想到这么多年来的坚守，我很快又坚定起来，那些日子，奔忙于北京和合肥之间，哪怕不睡觉，每天也要按计划复习功课！

天道酬勤！北京的戏，拍得很顺利；合肥的考试，也让我和妈妈很满意。我的故事，在学校里慢慢传开了，期末考试后，学校团委给予我“阳光学子”的荣誉，褒奖我能够直面困难，追求梦想！同学们亲切地喊我“奋斗哥”“励志哥”……这些，都激励着我在梦想的路上越走越远！

脚踏实地，仰望星空！在成长的路上，我愿做个坚定的追梦少年！我的演讲结束了，谢谢大家！

（原创作者：合肥市六十三中学刘俊昂）

思路点拨

这篇优秀的演讲稿，切入点小、扣题紧、内容实、语言靓……演讲者一路过关斩将，最终收获了安徽省演讲大赛一等奖的好成绩！足见优秀的演讲稿是演讲比赛成功的保证！

怎样才能避免走弯路，下笔就能撰写出一篇合适的介绍自己的演讲稿呢？

自我介绍类的演讲，主要目的是让听众更加全面、深入地了解自己，欣赏自己，进而信赖自己。那么，怎样写才能使演讲稿的自我介绍真正地深入人心、打动人心，进而顺利实现给大家留下深刻印象的目的呢？撰写此类演讲稿，可从以下几方面入手。

一、主题明确

主题，也叫主旨、观点、中心思想，即演讲者通过全部演讲内容所要表达的一种思想或意向，是全部材料的统帅，所以，执笔写作，首先要确定主题。主题决定了演讲价值。一般，命题演讲给的主题比较大而宽泛，我们只有认真阅读材料，提炼关键词，结合自身实际，才能化大为小、化抽象为具体。如果你的主题不是大家关心的、感兴趣的，即便你的演讲技巧再好，也难以激发听众的兴趣，更难让听众与你产生共鸣。哪些主题听众可能感兴趣呢？例如，可能是与听众的成长经历相似的、能启迪他思考的、情感类的、爱国类的等。《追梦少年》的小作者选取的“追梦”主题，既能让同龄人共鸣，更能激励他们勇敢追梦，争做奔跑的阳光少年。

当然，演讲主题还要深刻。如果演讲主题过于肤浅、低俗，不仅难以引起听众的兴趣，甚至可能会招来反感。

所以，选择演讲的主题时，一定要有“听众意识”，站在他们的角度设想：如果我是听众，我想听到怎样的主题内容呢？

二、思路要清晰

首先，开头一般是开门见山，直奔主题。也可以如《追梦少年》，在引用诗句中徐徐拉开演讲的大幕。还可以巧设悬念、引入故事等。

其次，主体部分层层递进，引人入胜。以《追梦少年》为例，小作者按照时间先后，紧扣“追梦”主题，着力表现自己的独一无二——在追梦的路上一路高歌。言之有物，事例鲜活，思路清晰，详略得当。

最后，结尾要有力，形成亮点和高潮。一个有力的结尾能够给听众留下深刻的印象，给人以回味和思考，起到“文止而意留”和“余音绕梁，不绝于耳”的效果。在《追梦少年》一文铿锵有力、自信满满、一气呵成的排比句中，我们感受到一个青春洋溢、坚定追梦的少年正朝我们奔来！

三、写出新意

首先，标题要新颖醒目。俗话说“题好一半文”，好的标题能瞬间抓住现场听众的心，并且也能为演讲成功打下坚实的底子。比如《我就是我，不一样的烟火》《丑小鸭是这样逆袭的》《我的人生我做主》《追梦少年》……

其次，选材内容新。一般地，自我介绍以介绍经历、成绩、特长、爱好等为主要内容，但如果像报户口一样喋喋不休地逐一陈述，很容易引起听众的厌烦心理，从而使你的演讲因寡淡无味而失败。因此，自我介绍要尽量写得新颖别致、攫住人心，从内容到形式都要力求新奇，从材料到语言都要力求别致。唯有新颖别致，才能吸引人、打动人，真正做到备受瞩目。例如一位演讲者这样介绍自己：

别人演讲都要谈自己的特长，而我先要谈自己的“特短”，大家也都看到了，本人身高只有1.61米，与众位男子汉相比不是“特短”吗？为什么会“特短”呢？原因在于过去一直默默无闻，没能发挥自身优势为大家服务，有劲使不出来自然英雄气短……

演讲者以自我解嘲的方式做自我介绍，由“特长”仿造出“特短”，让听众在会心一笑后与自己拉近了距离。

最后，语言鲜活生动。记得一位大作家说过，如果你的语言如同从热腾腾的舌头上摘取的，那就能深深地吸引人，且能激起共鸣。演讲稿的语言可以引经据典，旁征博引。例如《追梦少年》的开篇就引用了诗歌《理想》的诗句，既典雅也贴切。但切忌堆砌辞藻，有掉进书袋里之嫌。建议：①口语化，将生僻词换成常用词、网络词汇等。比如《追梦少年》文中提到的“奋斗哥”“励志哥”，大家耳熟能详，自然会会心一笑。②准确、精练。比如把长句改为短句，把倒装句改为正装句。③生动形象。比如把普通的句子改为比喻句、金句，把意思相近的几个短句改成排比句等。

小试牛刀

你心中对“朋友”的定义是什么？请围绕“朋友”这一主题写一篇演讲稿，参加班级的演讲比赛。

第二课

同伴交往演讲

情境导入

叮铃铃……“下课！”我正要抬脚离开教室，就听见有声音喊道：“杨老师，等一下，我有问题问您。”见小郑同学快步走到我跟前，我就说：“别着急，你说，什么问题？”小郑说：“老师，明天下午的班会课，班里要开一个关于“友谊”的主题班会，每小组选一个代表到台上发言，我们小组推选了我，可是我不知道该说些什么。老师，您能帮帮我吗？”“小郑，你应该交过不少朋友吧，这么多年来，在交友的道路上应该也遇到不少事，结合你过往的经历，和班里的同学分享你的交友故事，这个角度怎么样？”“这个好，老师，太谢谢了！我回去试试。老师，今天晚上，我写完稿子后，您帮我看看好吗？”“没问题的，加油哦！”我拍拍她的肩膀说道。

吃过晚饭，想到白天小郑同学的话，就拿起手机一看，果然有QQ消息，是小郑同学发过来的稿子。还不错，文笔有进步，但内容没什么亮点。我就直接打了语音电话，才响了一下，那边就接通了，随即就传来小郑急切的声音：“老师，我写得怎么样？”“小郑，你来告诉我，你是怎么理解友谊的？”“友谊就是友情啊！”小郑脱口而出。我问道：“你写下雨天，朋友和你共撑一把伞，并且最后把伞让给你，让你倍觉温暖，你是想呈现什么呢？”“老师，我不太懂您的意思。”“我这样问你，你觉得老师让你们上台发言是为了什么呢？认真想一想再回答我。”停顿了一小会儿，那边传来了小郑的声音：“是为了让我们更好地认识友谊，珍惜友谊，您说对吗？”“你说的是对的。小郑，你要让同伴从你的故事中能够对友谊有更多的认识，让他们对自己现存的友谊包括以后的交友都有一些思考。”“我明白了，谢谢老师！”

讲稿修改完之后，小郑同学又请语文老师帮她看看，在没什么问题之后，就定了下来，题目就叫《友谊的守护者》。

案例呈现

友谊的守护者

亲爱的同学们：

大家下午好！今天，我想和大家分享一段我的交友经历，这段经历现在回想起来仍觉得有些后怕。

我有一个从小玩到大的朋友，说到我俩的相识，可以说从娘胎里就开始了，她妈妈和我妈妈是好闺蜜，更巧的是我俩出生的时间也差不多，如果不是因为我俩都是女孩子，就要被定“娃娃亲”了。我们特别亲，她比我大一点，总是以姐姐自居，十分照顾我。就这样，我们幸福快乐地长到了11岁，我一直以为我们会永远这样的，直到发生了那件事。

那天上午放学后，我和她像往常一样说说笑笑地走在回家的路上，我眉飞色舞地向她描述了爸爸送我的生日礼物——水晶天鹅。这种水晶天鹅很少见，是爸爸几经周折才买到的，我非常喜欢。她眼里充满了羡慕，过了一会儿，她说：“你能不能把它带来，让我看看？”我爽快地答应了。

第二天来到学校，我把水晶天鹅递给她，她目不转睛地盯着它，上课铃声急促地响起来，她说：“明天给你可以吗？”我不怎么情愿地同意了。可谁知，第二天当我向她索回水晶天鹅时，她却支支吾吾地说：“对不起。”然后指着水晶天鹅上面的一处说：“这里有一道划痕……”我一看便火冒三丈，气得直接打断她的话：“你赔我的水晶天鹅！我讨厌你！”从那之后，我就不再和她说话，即使她来找我，我也有意地躲开她。

一天下午放学后，我孤零零地走在路上，一回头发现她跟在我后面。她见我发现了她，就飞快地跑了过来，拉住我，红着眼圈大声地说：“你听我解释！”“没什么好说的！你松开！”她扯得更紧了，倔强地看着我，快速说道：“其实那道划痕在你给我之前就有了，我怕你误会，所以这几天一直在找师傅修补或者买个新的，但都没成功……”

我当即就愣住了，刹那间，愧疚如潮水般向我涌来。不知怎的，我猛然想起了刚入秋的那天。

那天放学，我和她一起走出教室，下雨了，下得很大，我沮丧地说道："完了！我没带伞啊！"旁边的她捂着肚子笑起来，好一会儿才止住，我一脸哀怨地看着她，说道："有你这样的吗?"过了一会儿，我只感觉眼前一暗。一抬头，看到她把伞举在了我的头顶上，并用手指戳了戳我的额头说："你呀，总是这么马马虎虎，也不知道我从小到大是怎么容忍你的。"我不好意思地吐了吐舌头。

一路上，我们就这么边走边说笑，不知不觉就到了岔路口，要分开了，该怎么办啊？心里正发愁呢，她敲了敲我的脑袋说："想什么呢，瞧把你眉头皱的，放心吧，我会把你送回家的，我妈那边你也别担心，我回去和她说下就行了。"我重重地点了点头，笑了。

看着眼前的她，我泪水涌了出来。她总是对我那么好，总会包容我的小任性、急躁的脾气，我为什么就没有相信她呢。

从那之后，我与她的感情就更加深厚了，也明白了朋友之间需要彼此信任，只有信任对方，真诚相待，才能保护这美好的友谊。亲爱的同学们，友谊是什么呢？如何保护我们的友谊呢？想必大家心里已经有了答案。现在，我很信任她，当然，还是会有矛盾、怀疑的时候，但此时我就会拿出信任这把利剑斩断怀疑，信任成了我俩友谊的保护者。

最后，祝愿大家跟自己的朋友都能友谊长存！谢谢！

合肥市第二十九中学八(3)班郑慧茹

思路点拨

小郑同学的演讲稿比较容易打动人，那怎么样才能写出这样的演讲稿呢？可以从以下几个方面入手。

一、审主题，找角度

演讲一般都会有一个主题，要想写出亮点，理解主题是前提。只有把握住主题，才能找到新颖的切入角度。第一步，围绕主题缩范围。比如这一次的主题是关于“友谊”的，这个范围还是比较广的，而广就容易造成泛，泛就容易流于表面，所以要缩范围。缩范围肯定不能乱缩，需要定点。怎么定点呢？首先，要考虑演讲的目的是什么；其次，明确演讲者是谁。弄明白了，就能有的放矢了。这是班主任举办的一次关于“友谊”的主题班会，那让学生上台讲，目的必然是想让学生通过谈对友谊的认识，引发他们对友谊产生更深刻的思考，其实质是想要促进班级同学之间的团结、和睦及友好相处。而且，为防止内容空洞，最好的就是说自己的经历了。第二步，选角度。说经历该从什么样的角度着手才能说得动人呢？那就找容易引发共鸣的点。所谓能引起共鸣的点，就是大部分的人都遇到过的类似问题。由此，小郑同学最终敲定了写“信任”。

二、理思路，选材料

思路是纲，材料是内容，要根据思路筛选材料。思路怎么理呢？可以先问自己几个这样的问题：要写几个环节？每个环节安排什么内容？环节和环节之间该如何过渡？然后再结合切入的角度，就可以厘清思路了。仍以小郑同学的稿子为例，结合“信任”分享自己的交友经历，让大家明白信任对友谊的重要性，就能想到这段经历应该包括以下几个阶段：建立友谊、产生矛盾、矛盾扩大或者解决、友谊加深或者消亡。那重点放在哪呢？肯定是有冲突的阶段，这样演讲才能精彩，才能吸引人。据此，选用哪些材料也就清晰了。

三、精心安排行文节奏

演讲可分为三大板块，第一板块是问候，引入；第二板块是演讲的正文；第三板块是结束陈词。因此，首先我们要精心安排引入词，一方面可以拉近和听众的距离，另一方面可以迅速将听众带入情境当中，为后面的正文内容做铺垫。其次，要对矛盾点进行层层铺垫，让听众能产生“未见其人、先闻其声”的感觉。然后，让矛盾爆发；同时，能引发听众去思考，为什么会产生矛盾，这种矛盾能避免吗……最后，很自然地说出这段经历给自己带来的感悟。感悟要紧扣主题，并能够打动听众的心。

小试牛刀

下周一，你被选中在国旗下演讲，演讲的主题是“我与同伴共成长”。你需要撰写一篇演讲稿，请你按照“思路点拨”中的方法，写一篇演讲稿。

第三课

感恩父母演讲

情境导入

儿歌《爸爸妈妈听我说》中唱道："你对我好，我心里都知道，我学学这个学学那个忙得不得了，我的烦恼又有谁能知道，学得太多学得太杂消化不了。你对我好，我心里都知道……爸爸听我说，妈妈听我说，我喜欢和小朋友蹦蹦跳跳；爸爸听我说，妈妈听我说，我也喜欢和你们打打闹闹。"

然而，每一次与我学生的父母聊到他们的孩子，他们都会向我反馈一个情况，说他们的孩子现在都不与他们说话，越来越不懂孩子心里究竟在想什么。有一次，我故意调侃学生："据你们父母说，你们在家里总是端着，父母觍着脸跟你们说话，你们都不搭理了，真有其事？听说有些同学更过分，父母一开口，一句'烦不烦'就把父母的嘴给堵了，呜呼哀哉，被自个儿的孩子虐得不要不要的，情何以堪啊！"

我话一说完，学生就纷纷"控诉"父母说，我们哪里不跟他们讲话？是他们根本不听！还有就是根本听不懂好吗？他们还胡乱猜测，乱贴标签，乱做评价。

真是这样的吗？比如：

小轩说，我在学校被同学恶意嘲笑，心情很不好，回去跟妈妈说起这件事，本希望得到妈妈的帮助，结果她劈头盖脸给我一顿骂，说一个巴掌拍不响，若不是我惹事，别人干嘛要恶意嘲笑？这么大个人了，连个同学关系都搞不好！本想寻求理解与安慰，反被数落一顿，我心里的火气一下子就冒了出来，又不敢把气直接撒到她身上，只好冲进自己房间，哐当一声把门关了，踢书桌撒气，然后坐在房间里生闷气。我还听妈妈在外面骂我，说我本事不大脾气倒大，翅膀还没长硬就这副德性，今后长大了有本事了，只怕爹娘都不认了。

小晨说，我上完课外班回家，说老师讲的内容对我来说太浅了，浪费时间，我想自己复习。我妈一听就火了，说我花那么多钱给你报课外班，你还嫌这嫌那！人家是老师，再差也比你强！你就是骄傲自大、自以为是，别以为我不懂你那点小心思！你想自己一个人复习？鬼才相信，你就是趁没人监督时玩手机！

小博说，我每次回家跟他们说话，不管我说对了，还是说错了，我那慈祥的老母亲和老父亲总是慈爱地抚摸一下我的头，温和地说："你真棒，你说的都是对的，给你点赞！"我真的很棒吗？明明我是错的好吗，还给我点赞，当我是傻子啊，随随便便就点赞，那赞也太不值钱了吧！

听一听孩子们的心声……

其实，我们之所以愿意和父母交流，是渴望被看见、被重视、被理解，希望父母能用心听我们说话，听得懂我们说话，给予我们情感上的支持，给我们提出建设性的建议，而不是一味地否定、评价、顺从。那么，我们有没有想过，如何让父母能听我们说话并听懂我们说话呢？

案例呈现

父母，请您听我说

各位家长、同学：

你们好！

在本学期我很荣幸能够担任我们班的班长，也很荣幸能够在这里与大家分享自己的一些经历和想法。

在学校，我和同学们朝夕相处，一起学习一起生活，经常互相交流彼此的心声。下面我来讲讲我们平时的学习、生活中可能存在的各种问题，以及我和同学们对老师、对班级、对家长的最普遍的想法。

我们班的同学到现在已经相处了将近四个月，这段时间，我们这个大家庭从来没有发生过大的矛盾纠纷，我看到同学们平时互相帮助、团结友爱，都很热爱这个大家庭，我为此感到由衷的幸福。我们一个星期要在学校待五天，每一个家长都希望自己的孩子能在学校过得开心，现在我想告诉每一位家长，我们过得很好，请放心。

关于学习，我想说，如果您的孩子成绩不理想，请您不要因此怀疑他的学习能力，更不要怀疑他的学习态度。可能有的家长认为自己的孩子学习态度不好，无心向学。我倒认为最大的问题是他们缺少定力和自信心，作为八年级的学生，我是不相信有同学不想学习的，人人都希望自己学得好。只是有的同学，想要认真的时候，偏偏做不到注意力集中，无法专注于学习的内容，所以就造成了想学又学不好的现象，就会产生一种“我不行”的想法。关键的问题在于，这个时候，如果家长们看到孩子的成绩不好，不分青红皂白地指责他不用功、不用心、不认真学习之类的，那孩子的心里就会非常的矛盾、痛苦，他会想着原来没人会理解我，我的努力又有什么意义？

所以，假如成绩不理想，请各位家长与孩子沟通，询问他有什么困难？需要什么帮助？你要让他明白你们心中最重要的是他这个人而不是他的成绩。

还有些同学认为爸爸妈妈只在乎自己的成绩，不在乎自己，就算自己得到了非常好的成绩，最开心的是爸爸妈妈，而不是辛辛苦苦学习和考试的自己。导致同学产生这种想法的根本原因是父母与孩子沟通不好，父母不理解孩子的想法，孩子也无法理解父母的真实心意。

我想跟大家分享我父

母的教育方式。从小到大，我都不是特别听话的孩子。但即使这样，我的父母一直都是以平等交流的方式教育我，极少用体罚的方式。爸爸妈妈跟我的沟通非常多，他们不会随意指责我、评判我，所以无论什么事情我都跟他们说，我会把我的想法告诉他们，他们也会把他们最真实的想法详细解释给我听，所以从小到大我做错什么，经过他们的教育，我都明白是自己错了，而不是被父母拿着棍子逼着认错。小学的时候，我在父母的帮助下，学习成绩一直名列前茅，初中进入叛逆期，成绩有所下降。七年级那年，是我学习生涯的第一个转折点，那年我大病一场，持续失眠、头疼长达半年，太焦虑成绩了，导致自己被想法困住。那个时候父母对我说，我们只要你的身体健康，成绩不算什么。我深深明白，对他们来说，相对于成绩，我本身才是他们最在乎的。

到现在，我做每一件事，都能理解父母对于这件事会有什么看法，我也非常清楚父母对我真正的期望，他们也非常理解我、支持我，我感觉自己生活在非常温暖的家庭中，所以我学习就非常有动力。

今天回去之后，我希望在座的每一位长辈都能跟孩子敞开心扉，告诉他你才是我最在乎的。真心希望以后每一位家长都能和自己的孩子密切地交流，真诚地沟通。

最后，祝各位家长能够与孩子携手创造更美好的未来，让我们一起为更美好的未来奋斗！

谢谢大家！

某中学　裕斯

思路点拨

上文中的裕斯同学结合自身，设身处地，真诚指出家庭教育中存在的问题。演讲稿切入口小，内容丰富！可以想见，这样的演讲稿，一定会给听众带来震撼。因此，诉诸真情实感，注意一定的讲话技巧，必然事半功倍。

怎样才能像裕斯同学那样，撰写出一篇情真意切的演讲稿呢？可从以下四个方面入手。

一、规范格式，写好开头和结尾

演讲稿有它特有的格式，我们必须掌握。开头要写称呼，要顶格写。如：

尊敬的老师、亲爱的同学们：

大家好！今天，我演讲的题目是《父母，请您听我说》。

在演讲稿的结尾部分，经常要感谢听众，给自己的演讲画一个圆满的句号：

我的演讲完毕，谢谢大家！

虽然只有这一句话，但带给听众的感觉却大不一样。这句结束语在每篇演讲稿里都必不可少，就像日记有日记的格式、书信有书信的格式一样。

二、开篇入题，拉近与听众的距离

演讲稿的开篇入题要快，没有必要去引用大段的名言佳句，也没有必要去抒发各种“无病呻吟”的情感，一篇好的演讲稿能够一下子吸引住听众。那么，怎样才能在开篇就能吸引听众呢？一般来说，要做到两点：设身处地，亲近听众；设置问题，吸引听众。

请看裕斯同学在演讲稿中的开篇：

在本学期我很荣幸能够担任我们班的班长，也很荣幸能够在这里与大家分享自己的一些经历和想法。

在学校，我和同学们朝夕相处，一起学习一起生活，经常互相交流彼此的心声。下面我来讲讲我们平时的学习、生活中可能存在的各种问题，以及我和同学们对老师、对班级、对家长的最普遍的想法。

在演讲稿的开头，小作者从听众的角度设身处地去想问题，“在学校，我和同学们朝夕相处，一起学习一起生活，经常互相交流彼此的心声”，一下子便让演讲内容走进了听众的心中。同时，又用“最普遍的想法”，引发听众的兴趣。这样的开篇，简洁、亲切而又富有吸引力。

三、“四多四少”，创设事例现场

演讲靠内容取胜，如何做到让听众为之动容，甚至动情，主要看演讲者选取的事例是否贴近现实，是否曲折生动，是否能激励人奋进。如果想达到很好的演讲效果，一般来说，演讲稿的主体部分应该做到“四多四少”。

(一)多写曲折，少写平淡

在《父母，请您听我说》中小作者讲述的内容多为自身经历，来源于真实生活，贴近生活才能深深地吸引听众。

(二)多用描述，少用介绍

即使我们选用了非常曲折的事例，在演讲稿的写作中，如果不注意表达方式，不注意语句长短，也不会收到良好的效果。所以在写演讲稿时一定要少用介绍性的语言，多用描述性的语言，让听众有现场感；并且在描述时尽量多用短句，少用长句，这样更适合演讲。

下面是小作者在演讲中描述的初中的一段经历：

七年级那年，是我学习生涯的第一个转折点，那年我大病一场，持续失眠、头疼长达半年，太焦虑成绩了，导致自己被想法困住。那个时候父母对我说，我们只要你的身体健康，成绩不算什么。我深深明白，对他们来说，相对于成绩，我本身才是他们最在乎的。

（三）多用对话，少用转述

如果想让演讲更有现场感，那么在涉及对话语言时，就要多用直接对话，少用间接转述。直接对话会把听众一下子拉到当时的现场，与演讲者共同经历曲折，感受人生的味道。如在《父母，请您听我说》演讲稿中，小作者就多处运用了直接对话的方式，仿佛与听众面对面。

（四）多写感受，少写环境

如果一篇演讲稿只是具备了上面的那些要素，其实也只能算得上是一篇优秀的叙事作文，还不能算是一篇上等的演讲稿。真正优秀的演讲稿还要侧重于"讲"，那么讲什么？除了讲自己的亲身经历外，更重要的"戏份"还在于讲出自己的真实感受，这样才会达到以情感人的最佳效果。

请看小作者在演讲稿中是如何融入自己的感受的：

到现在，我做每一件事，都能理解父母对于这件事会有什么看法，我也非常清楚父母对我真正的期望，他们也非常理解我支持我，我感觉自己生活在非常温暖的家庭中，所以我学习就非常有动力。

正是小作者把这些真实的感受讲了出来，才让这次经历变得更有深度，也才真正让听众品味到了成长的味道，产生了内心的共鸣。

四、号召激励，提升演讲品位

无论是什么主题的演讲，一定要让听众听了你的演讲后有所感动，有所启发。让听众也仿佛经历了一次特别的体验，品尝到了人生成长的滋味。为此，我们在演讲稿的最后部分，往往要来一些提升，发出一些号召，这时一定要记住，“哲理、豪情、激昂”是它的关键！

请看这篇演讲稿的最后：

今天回去之后，我希望在座的每一位长辈都能跟孩子敞开心扉，告诉他你才是我最在乎的。真心希望以后每一位家长都能和自己的孩子密切地交流，真诚地沟通。

你听：“今天回去之后，我希望在座的每一位长辈都能跟孩子敞开心扉，告诉他你才是我最在乎的。”语句轻便简洁，听来细雨润物，这为此次演讲画上了一个圆满、激情的句号。

小试牛刀

生活中，很多时候我们对母爱、父爱，对产生罅隙的亲情，既感到幸福，又烦恼。学校开展“我家的故事”主题演讲比赛，你被班级选中了，将要参加年级比赛，为此要撰写一篇演讲稿，请你按照“思路点拨”中的方法，拿起笔，开动脑筋，写出一篇精彩的演讲稿。

第四课

师生成长演讲

情境导入

你是否害怕与老师主动交往？是否在老师面前说话总是非常紧张？你有过哪些担心？你心目中理想的师生关系又是什么样的？为什么大部分学生都不敢主动与老师交往？长期以来，正是由于我们把老师看作“高高在上的权威”“绝对的管理者”，才使我们对老师采取了“敬而远之”的态度，不敢主动与老师交谈乃至进一步沟通相处。

那么，师生之间的距离又该如何拉近呢？最近，铜陵市第三中学朗诵团安排了一次“师生面对面，‘语’你零距离”的主题演讲活动。高一(5)班的梁媛同学看到这个通知，决定报名参加，但是又不知道从哪个角度入手来写演讲稿，于是找到朗诵团的丁睿老师。丁老师充分肯定了梁媛同学的参与热情，并提供了演讲稿的写作思路：

①让故事说话；②拨动心弦；③学会倾听；④换位思考。

案例呈现

师生面对面演讲稿

尊敬的老师、亲爱的同学们：

大家上午好！

让故事说话

同学们，在课堂上你有没有遇到过这样的事：教室里上自习很安静，班主任老师站在讲台上，听到张志强处发出小声音，又看到张志强一直在动，便将他叫出来，狠狠地批评了一顿。实际上，张志强当时并未讲小话，而是在找一支笔。

拨动心弦

也许当下，张同学会因为被老师错怪而与其产生冲突。我想，遇到同样的情况时，我们能不能多冷静、多思考呢？可以找时机，跟老师心平气和地讲清事情的经过；必要时，可以找同学跟老师讲，消除与老师之间的误会。

学会倾听

倾听是沟通的前提。倾听可以满足对方自尊的需要，减少对方自卫与对抗的意识，为心理沟通创造有利的条件和氛围。倾听的过程是深入了解对方的过程，也是准备做出反应的过程。

我们知道老师的辛苦，也应该知道老师的严厉只是为了让我们变得更优秀。所以，面对老师的批评，要正确对待，要信任、理解老师；坚持得理让人、无理认错，有则改之、无则加勉的态度。

换位思考

站在对方的立场去想问题、考虑问题、处理问题，角色的互换就很容易赢得相互的理解和信任。相互之间的理解和信任是进行交流和沟通最重要的前提条件。

同学们，老师也只是一个普普通通的人，在工作中也会出现失误，行为上也可能有不恰当的地方；但是，我相信有了你们的理解和尊重，老师一定会做得更好。同时，建议你们在跟老师发生矛盾和误会时，也要反思自己的行为是不是恰当。这样做更有利于师生关系的和谐，更有利于我们的学习、生活，更有利于我们健康成长！

是老师，把我们从懵懂引向成熟，使我们从无知变得学有所长；是老师，领着我们看到了天有多高，地有多广，梦想可以有多大。

希望大家都能在真诚理解、充分信任老师的基础上，多与老师交流，主动沟通，与老师建立“人格平等，互相尊重，互相学习，教学相长”的新型师生关系。让老师成为我们学习的合作者、引导者、参与者，成为我们的朋友！

我的演讲到此结束，谢谢大家！

思路点拨

一、如何选择演讲内容

(一)有的放矢

演讲者在选择演讲内容的同时，应当首先确定听众的年龄、喜好、文化程度等方面的具体情况，然后再根据这些具体情况进行实事求是的分析，选择彼此最感兴趣的话题。

(二)结合自身

个人的人生经验是独一无二的，也是最宝贵的，因为它是演讲者本人在生活、工作、情感等方面失败或者成功的经验总结。所以，这部分内容应该最受听众关注，也是听众最喜欢听的。在实际的演讲过程中，倘若想达到感染听众的效果，就要舍得分享自己的人生经验，结合自己的学识素养，讲好这部分内容。因此，在确定演讲内容的时候，所选的内容也必须跟自己的人生经验相匹配。

二、如何让你的演讲使听众印象深刻

从故事入手，演讲观点要有高度的概括性，并非需要一直

讲故事。通常在演讲中需要故事化的部分是听众很难具体感受到的，可演讲者却又希望他们感同身受，甚至直接相信自己所说的。所以，在此时演讲者就应当将这部分内容进行故事化，吸引听众融入故事，产生沉浸感和共情。

（一）描述细节

演讲者要善于抓住人物活动的真实细节来叙事，因为这样可以具体而细致地再现事况、表达人情，把听众引入细节描述的特定情景之中，从而受到事件的吸引和场面的感染。同时，演讲离不开抒情。为了避免抒情的空泛化和虚假感，演讲者就必须善于选择和运用现实生活中承载人物真情实感的典型细节来抒情。这种形象性和具体化的抒情，往往会特别让人感动。

（二）动作管理

（1）演讲姿势。无论最终选择什么姿势，都要记住一点：不要让自己全身一看上去就过度紧张，要展现出放松的一面。过度紧张所带来的影响，不仅是身体上的，更有心理上的。过度紧张会让人的动作表现得比较僵硬，而僵硬的动作又会加强心理的紧张，会使人陷入一种“闭环状态”。因此，最好在演讲一开始的时候就保持一种放松的状态。例如，你可以随着演讲在舞台上适当走动或是用手插在口袋里、手握一支笔，这些方式都有助于演讲者在演讲的过程中保持一种放松的状态。

(2)表情管理。演讲者在演讲过程中所呈现出来的面部表情十分重要，脸部表情的不同，会带给听众不一样的心理暗示。尽管有的演讲者演讲的内容十分精彩，可要是没有适当地对面部表情进行管理，那么最终听众受到的感染力可能也会大打折扣，演讲也不再具有很强的说服力。常用的管理面部表情的方法有很多，比如保持适当程度的微笑、适当地降低自己演讲时的语速、语言做到抑扬顿挫等。

(三)角色代入

演讲者要想让听众高效地接受自己的观点，那么就需要在演讲过程中增强角色的代入感，要扮演好讲台上自己的人物角色。演讲的时候，有的人扮演角色的实际效果不是太好，可能是他自身对角色不够熟悉，这就归因到选择演讲内容时有问题，即演讲内容没有选择自己熟悉的领域。确定好了自己熟悉的领域，那么演讲者在扮演角色的过程中，就能运用自如，并且也在一定程度上能增强听众的代入感。

(四)总结提炼，得出感悟

有时候，由于演讲时间长、演讲语言晦涩难懂等原因，听众可能自始至终都没弄明白演讲的主题是什么、演讲者想要表达的观点又是什么。这就需要演讲者在演讲快结束的时候，对演讲进行高度的总结概括，这个概括一定要能充分表达出此次演讲的中心思想，并且还要注重表达的方式。这是让听众接受观点的核心环节，一定程度上决定了此次演讲的最终效果。

三、如何让演讲条理分明

(一)运用"黄金三点法"

"黄金三点法"即"一二三法则",是常用的演讲表达技巧。当我们围绕任何主题发言时,均可采用"一、二、三"三点的表达方式。这种语言组织方法比较简便,能够让人们在需要说明情况或表明态度的情形下,快速厘清自己的思路。

具体来说,"黄金三点法"的妙处主要体现在:一是作为结构化工具,具有快速简便、表达清晰的特点;二是可使演讲者的想与讲结合,在确保思维条理性的前提下,边想边讲、边讲边想,并行不悖。

(二)由浅入深

倘若我们想进行一场让听众印象深刻的演讲,那么不应当一上来就给听众灌输我们的想法。应当做的是从一件小事讲起,而这样一件小事,必须要与此次演讲的主旨产生一定的关联。这样一来,演讲内容不仅不会抽象空洞,反而更容易吸引大家的注意。这种方法在很多著名的演讲现场都可以听到:一开始,演讲者都是为听众讲述一些小事,然后再层层递进输出观点和理念,最后才开始升华。这种方法毫无疑问可以达到事半功倍的效果。

四、演讲语言要实现“四化”

（一）具体化

演讲语言具体化指演讲者通过一次演讲只能集中阐述一个中心思想，不枝不蔓、重点突出。也就是说，在确立演讲主题时，必须突出一个重点或围绕一个中心，不能有多个中心、多个重点。值得提醒的是，“花开两朵、各表一枝”的写法根本不适合演讲的实际情况。因为企图在一次演讲中解决很多问题，什么都想说、什么都想讲，结果可能是什么都说不清楚、什么都讲不明白。

为了使演讲满足具体化的要求，在组织演讲稿的内容时，就要确立好单一、明确的演讲主题，把想得过多的内容，要么压缩，要么提炼，要么摒弃，把思想概括集中到一点上，让演讲主题达到高度集中。在寻找演讲素材时，也要紧紧围绕主题，不跑偏、不扯远，力求说深、说透。

（二）鲜明化

演讲语言的鲜明化指演讲语言所要表达的主题观点突出、是非分明，也就是肯定什么、否定什么、歌颂什么、抨击什么，泾渭分明、一清二楚，让人一听就知道演讲者的中心思想是什么、表达意图是什么。而不是抱着“骑墙”态度，这边也可以，那边也不错，让人听得云里雾里，根本不知道演讲者的葫芦里到底卖的是什么药。如何做到主题鲜明呢？这就要求演讲者在认识上十分清楚，能看清问题的本质，并且有解决问题的根据和把握，敢于理直气壮地回答自己所提出的问题。

（三）新颖化

演讲语言新颖化指演讲者所提出来的观点、所抒发的感受不落入俗套、不拾人牙慧，有自己的见解和独创性，能给人耳目一新之感。这就要求演讲者有敏锐的观察力和创造力，能紧跟社会形势并善于从现实生活中提出人们普遍关心的问题；或者提出人们司空见惯却没有被引起注意的问题；或者从新的角度去分析人们经常议论的问题。

（四）情绪化

情绪化指用语色彩鲜明、观点明确，具体体现在演讲技巧中，则是指使用感情色彩鲜明的褒义、贬义词语。在演讲中，往往是那些让听众感同身受的东西才能让他们记忆深刻并身体力行。情绪对听众有着非同一般的影响，正所谓感人心者莫乎于情。在演讲的整个过程中，我们都应当表现出真情实感，因为只有我们情感的真实流露，才能够使听众即使听了很长时间也不觉得厌烦，反而会跟随着演讲者的情绪沉浸其中。

五、通俗化:生动形象地说明情况

(一)常用排比

排比,是三个或三个以上的意思密切相关、结构相似、语气连贯的句子排列,可以增强演讲的气势,感染观众。

运用排比应注意两点:第一,不要生拉硬凑,表达的内容中有并列的部分才能运用。只从形式考虑,若有意铺排则显得累赘,反而影响表达。第二,排比句的分句或词组之间都有一定的逻辑顺序,不能颠倒和错乱。

(二)多用换算

比如你向别人介绍两地间有多远距离的时候,先说有多少千米,接着就说相当于几个小时的车程。因为对于距离,人们对用时间来描述更熟悉一些。

(三)借用道具

演讲道具指任何可以被演讲者用来配合演讲的材料,如图表、幻灯片、照片、印刷品及实物模型等,目的是更好地帮助听众了解演讲的内容。使用演讲道具有多种优势,最主要的优势是清晰。毕竟,我们生活在一个视觉时代,道具帮助听众更直观、更形象地理解事物。在演讲中利用道具,可以让听众更准确地弄清楚你想传达什么。使用演讲道具的另一大优势是能够引起听众的兴趣。

道具要放在听众看得见的地方，应在演讲开始之前准备，计划好把道具放在什么地方。如果想展示一个物品或一个模型，一定要把它放在人人都看得见的地方。将演讲道具放在讲台前面的一张桌子上，对前排的听众可能没有任何问题，但后排的听众就不一定看得见了。有必要的话，可以一边讲解一边把道具举起来给大家看。

对着听众而非对着道具讲，在对道具做解释的时候，很容易跟听众断开视线联系而对着道具说话。当然，听众也在看道具，我们可以一边讲一边看着道具。但是，如果我们的眼睛一直盯着道具，那就会失去与听众的视线联系。跟听众保持视线联系，我们可以得到信息反馈，知道听众是不是理解了道具的意义。

解释道具时语言要清晰、简洁，道具并不能直接诠释演讲内容，它跟统计数据一样，需要有人来解读它，使它与听众产生联系。道具有很大的用处，但听众必须明白要看什么以及怎么看。一定要把道具的意义告诉听众，用合适的语言描述它的主要特征。如果道具是图表或图形，应该把图表或图形的意义逐条解释清楚，对统计数据和百分比更应该解释明白。

小试牛刀

近日，学校要开展“师生面对面”的主题演讲活动，参考“思路点拨”中的方法，请你尝试写出一篇精彩的演讲稿。

第五课

社会交际演讲

情境导入

“周子钰同学，这个任务就交给你了。”

“好吧。”

一天后，周子钰来到办公室，对语文老师说：“怎么办啊？我还是一头雾水呢。”语文老师笑了，问她：“你有好朋友吗？”“有啊！”她肯定地回答。“那你知道朋友的含义吗？”这时，她有点迟疑，没有说话。语文老师说：“这样吧，你先围绕友情查阅资料，可以收集古诗文中关于友情的例子，比如‘君子之交淡如水’‘管鲍之交’等；也可以整理以往学过的课文中相关的成语和诗句，比如情同手足、‘桃花潭水深千尺，不及汪伦送我情’等；还可以从名人轶事和生活中寻找相关事例。先写一写自己的想法，再完成这次的演讲稿，好吗？”

“嗯”。

又过了一天，周子钰把自己的想法写了出来，交给语文老师，就有了下面这些文字：

看到主题的时候，脑海里就自动联想到彩虹，拥有一段美好的友谊是我人生路上最幸运的事。我认为友谊是我们人生中很重要的，同时也是美好的，它就像一道美丽的彩虹，挂在我们每个人的心上。

少年时期是我们成长中很重要的一个时期。在这期间我们明辨是非的能力还不太强，我们会遇到许多形形色色的人，我认为在这个时候与他人交往，要选择正直、能相互促进的人，就像孔子所说的那样“友直，友谅，友多闻，益矣”。其实，这就是青少年之间互相交往的最好标准。

但同时，我们与他人交往也应当用真诚的态度去面对他人。收获至真至诚的友谊就在于我们要与他人将心比心，设身处地去为他人着想。

我们都匆忙行于人世间，生活有时会索然无味，但我们每个人的心都不会孤独。正确交往并收获真正的友谊足以让我们快乐。让我们一起撑起这片蓝天，共勉。

语文老师看到后笑了，问道：“你还有什么问题吗？”

周子钰笑着说：“我知道怎么做了。”

案例呈现

为人生带来一道灿烂彩虹

尊敬的老师，亲爱的同学们：

大家好！

“交友投分，切磨箴规”。清风吹拂着青春的路，吹拂着青春的花朵。人生路漫漫，交友是我们日常生活中必不可少的一个环节，也是我们成长路上的考验。倘若在我们的交往中缺少意气相投、互相切磋、共同进步的朋友，交友的意义又在哪里？何来“益友”这一说法？

亘古至今，交友一直是一个经久不衰的话题。古时，高山流水觅知音，子期死，伯牙破琴绝弦。管仲鲍叔牙交好，不分穷富，相互提拔。马克思与恩格斯志同道合，竭力创作《共产党宣言》。知己难遇，知己间的青眼相待更是可贵。反观当下，知己难遇，想要遇到知心的朋友可谓难上加难。交往中志趣相投、互相规劝，真正能做到“责人之心责己，恕己之心恕人”并不容易。

在青少年的交往中，我们往往会忽略一个问题，生活中，对于他人犯下的错误总是带着一种责备与十分刻薄的态度；面对自我，犯下的错误总是轻易宽恕。我们很难做到事事换位思考。《巴黎圣母院》中曾有一句话“宽宏大量是唯一能够照亮伟大灵魂的光芒”。我们每个人并非生来完美，学会宽以待人，能让我们收获真正的友谊。

孔子曾云："益者三友，损者三友。友直，友谅，友多闻，益矣。"生活中有些人随波逐流，庸庸碌碌，没有远大抱负与志向，只会争名夺利，他们往往也能结交到"志同道合"的好友。在我们的日常交往中，应像孔子所说的那样，结交正直、知识广、能对我们有帮助的朋友，不盲目从众，坚守自我。好的朋友可以引导我们走向成功的彼岸。燕雀怎会知那"鸿鹄之志"？狡猾的小人又怎会陪你"风雨兼程"？"志道者少友，逐利者多俦"。友在益不在多，真正的朋友会交心于你，将心比心，陪你奔向远方，共勉努力。

正所谓千金易得，知己难求，像纪伯伦的那句话："友谊永远是一个甜蜜的责任，而不是一种机会。"友谊从来不是争夺名利的途径与机会，而是共同追求理想的责任。友谊不一定长久存在，但一定割舍不断，在他人与我们真诚相待时，我们也相应地付出，才能收获至真至诚的友谊。

“单丝不成线，独木不成林”。我们的人生中必不可少的就是交往，而在交往中，少不了的就是合作。古有“众人拾柴火焰高”的俗语，一个人的力量虽然小，但只要合作就没有什么做不了的事情。在我们的生活中会遇到各种困难，与他人合作可以共同排除。交往中的合作是处处存在的，小到同学之间的互相请求，大到经济大国间的互相帮助，处处需要合作。在别人需要帮助时，应当帮助他人。只要能真心地与他人合作，就一定能收获友谊，为了梦想共同奋斗！

茫茫人海中我们行于世间，用灼灼萤火点亮我们的青春之路，在这片蓝天白云下，我们共勉，为友谊与人生道路带来一道彩虹！

涡阳实验中学七年级(6)班周子钰

思路点拨

周子钰同学的这篇演讲稿写出了自己的想法，也点出了友谊的真谛，她的演讲让人有很深的感触。

这也引出一个问题，如何写好一篇演讲稿呢？

如微风拂过琴弦，似落花飘零在水面，那是桂花开放的清香，是明月松间清泉的流淌，是流星划过天空的惊艳，是年少鲜衣怒马的轻狂？谁能够拒绝美，谁不会被美陶醉，谁不会欣赏美？愿你的文字也能带我入梦，看金戈铁马踏着黄河的冰封！

处在一线的语文老师都清楚，想让学生们写出一篇好的演讲稿，应做好审题、立意、构思、选材、开头这几点。

审题，是写好演讲稿的第一步。所谓审题，就是对题目的含义、范围和要求的审定。具体来说，就是要求学生对演讲主题的各个组成部分全面地审读、准确地理解，不偏不倚地按要求写作。审题的目的是立意。立意就是确定文章的主题，是作者见解的体现，是文章的灵魂。

想写出一篇优质的演讲稿，我们可以借鉴以下几种方法。

一、一枝红杏出墙来——审题立意

（一）以小见大，见微知著

所谓“以小见大”，即由一滴水折射出太阳的光辉，由一片枯叶显现肃杀的清秋，窥一斑而见“全豹”。写文章，不一定非要去写那些重大的事件，有时聚焦于一个特定的场景，一个细微的动作，一种微妙的表情，一声轻轻的问候，都能从中发现深刻的内涵，迸射出撼人心魄的力量。

（二）由表及里，开掘意蕴

意蕴总是比直接显现的客观事物的表象要深远得多，这需要通过由表及里地发掘才能获得。写文章，要做到由现象及本质，并层层深入挖掘出深刻的本质，都依赖于作者犀利的眼光、敏锐的思维。

（三）精选角度，突破定势

“横看成岭侧成峰”，对于同一个演讲题而言，从不同的角度着眼，立意会不一样。这就要求我们在拟出多种立意方案后，去粗取精，多中选优。立意时要不拘于一孔之见、一隅所感，尽可能地寻找新的突破。

（四）反弹琵琶，独辟蹊径

有些事物，若从正面着笔，则会有千人一面的感觉，但若从反面立意，逆向切入，反而能让主题鲜明，醒人耳目。

（五）目光敏锐，高屋建瓴

要想让自己的文章脱颖而出，文章的立意必须自出机杼。高远的立意决定了文章品位的高低，因此须密切关注那些富有时代气息、彰显人文意蕴的材料，不断超越自我局限，追求更高的精神、价值、情感，尽量用世界的、长远的目光去审视生活、生命和人生。同时，还要尽量在文章中注入历史文化底蕴，这样的文章才会显得大气非凡。

二、听唱新翻杨柳枝——精巧构思

同样是建筑，造型不同，产生的效果迥然不同。匠心独运，华丽大气，总让人赏心悦目。同样是佳肴，搭配不同，产生的结果也会截然不同；风味独特、造型精美的食品总会让人食欲大开。同样是一篇文章，构思独到，富有创意，自然能赢得青睐。构思一篇文章，可以从内容和形式两方面入手。

(一)从内容上构思的方法

如对比法，就是将对立的人物、事件、景物放在一起，通过它们的差异来说明问题的一种写作构思技法。运用对比法构思，目的是使对比中的个体得到强调与突出，从相反的角度将两种事物进行对照比较，以形成十分鲜明的反差烘托，因而具有较强的感染力和战斗力。

(二)从形式上构思的方法

近年来，文章形式构思可谓五彩纷呈。如彩线串珠法，就是作者在处理安排材料时，选取一个最能体现文章主旨的事物作为贯穿全篇的彩线，将一组精选的材料(珍珠)连缀成篇的构思方法。作为“串珠”的“彩线”，可以是物，可以是事，也可以是一种思想感情，只要能够体现题材之间的内在联系、体现文章的主题思想即可。

三、吹尽黄沙始得金——精选素材

拿到一道演讲题，主题定下来之后，接下来要考虑的就是选材。作文选材的范围很广，正因如此，有些同学反而失去了方向：要么抓耳挠腮，不知从何入手；要么选材流于空洞，缺少真情实感。那么，究竟如何选材才能获得高分呢？可采取以下方法。

(一)选真实的素材

“感人心者在乎真”,真实是文章的生命。也就是说,好的文章要立足于现实,从自己身边的、亲身经历的事写起,写出切身的体验,说出内心的感悟与震撼。如此,内容才会具体,感情才会真挚,从而感染人。

(二)选小巧的素材

据说,宋朝有个姓马的画家,他画山,画水,画庙宇……总是只画其中一部分,从不画全景。然而他的画,山水灵动,人物鲜活,人们干脆叫他“马一角”。马一角的聪明之处在于选材以小见大。其实,作文何尝不是如此呢?大凡文学家都善于从小口切入,以看似平凡的琐事来反映重大题材,达到以一滴水见太阳的效果。

(三)选有趣的素材

每个人的生活并不仅仅就是每天刻板地工作与学习，许多时候，正是一些情趣让我们沉醉于生活中，乐此不疲。老师诙谐的批评，同学善意的嘲讽，朋友无理的取闹……诸如此类的情趣正是我们生活中的调料，让我们生活得有滋有味。假如我们把这些闲情趣事用生花妙笔记录下来，必会感动每一个生活在平凡中的人。

四、春云初展即倾入——装点凤头

俗话说:“好的开头是成功的一半。”要写好一篇文章，开头很重要。古人云:“春云初展，鲜花含露，叫人一见倾心。”只有开头写得如初展的春云，引人注目，人们才愿意认真倾听，才会在脑海里留下好的第一印象。那么，怎样写出精彩的开头呢？

(一)开门见山，亮明观点

文章开头不拐弯抹角，不兜圈子，而是把要描述的主要人、事、物直截了当地摆出来，引入正文，直接表达作者的观点，点明中心，统率全文。一个“开门见山”直奔主题的开头会博取大家的好感，给听众留下极佳的印象。

（二）景物描写，烘云托月

开头先描写人、物、景，渲染气氛，给听众以身临其境的感觉，为烘托人物、触景生情做铺垫。

（三）设计悬念，引发好奇

开头设置一个悬念，引起听众的关注，激发他们的兴趣，同时增加演讲稿的曲折性，显现布局之美。

（四）引用化用，推波助澜

在演讲稿的开头引用古诗词、现代诗歌、名言、格言、流行歌曲等，不但能引出下文，还能帮助笔者把握文章主旨，引起听众的兴趣。

最后，好的结尾如豹尾劲扫，响亮有力，也能产生很好的表达效果，给人留下深刻印象。

小试牛刀

学校接到县级演讲比赛的通知，主题是“学四史，守初心”。希望这次你能厘清思路，按照所学的方法，写出一篇优质的演讲稿，参加本次比赛。

第六课

清明节演讲

情境导入

无论是杜牧的"清明时节雨纷纷，路上行人欲断魂"，还是黄庭坚的"佳节清明桃李笑，野田荒冢只生愁"，清明都带着一丝淡淡的忧伤，我觉得清明的忧伤多是来自古诗词的忧伤。

清明的活动应包括两部分：祭祀、游春。每年清明的忧伤源自祭祀，大多数人却忽视了清明的欢娱。宋朝吴惟信的《苏堤清明即事》表达的就是清明节踏青的欢娱。

下面这篇演讲稿表达的仍然是传统意义上的"忧伤"清明。

案例呈现

万物清明

敬爱的老师，亲爱的同学们：

大家好！

时至清明。

"满眼游丝兼落絮，红杏开时，一霎清明雨"。清明，二十四节气中的第五个节气，也是唯一一个既是节气又是节日的日子。《历书》有云："春分后十五日，斗指云，为清明，时万物皆洁齐而清明。"春分过后，我的家乡已到处弥漫着清明的气息。油菜花此起彼伏，小镇里云影水流，浅渚波光。人们在田间的阡陌里穿梭，惊起的白鹭从头顶飞过，敦厚的水牛冲着人们摇尾巴。

清明前一两天是寒食节，清明融合了寒食节的文化内涵，成了祭祖扫墓的日子。清明多雨，是清明成全了雨，更是雨衬托了清明。每年这日，我都会站在奶奶的墓前，献上一朵花，磕上三个响头，深情表达对奶奶的怀念。这迷蒙的雨，无言的花，是对她难忍的痛惜与欲语还休的惆怅。清明太过平淡，太过感伤。扫墓，是为了让心灵得以喘息，生命得以追思。

在古代的宫中，清明节也叫“秋千节”。宫中的嫔妃、宫女们会在这一天尽情地荡秋千。据说秋千原叫“千秋”，因触犯禁忌而改名为“秋千”。每次看到秋千，总会想到以前的清明，奶奶用放弃扫墓的时间陪儿时的我坐在秋千上，缓缓地摇着绳索，鬓间的丝丝白发与清风流水应和着……这些回忆一遍遍向我袭来，无奈，只好对着奶奶的墓碑苦笑，这忧伤的清明！奶奶曾对我说：“清明节那些沉闷的东西不适合小孩子，小孩子嘛，就得有朝气！”

清明时节，最能撩拨少年心思的应属踏青了。清明踏青自古有之，缘起远古农耕祭祀的迎春习俗。在追思祖先之余，人们也会在烂漫的春光里徜徉、漫步，享受大好时光。软绵绵的小草与团团簇簇的映山红交相辉映，环绕在青林翠竹间。清明踏青，是为了寻找春天的感动。

在江南地区，清明食青团。将艾草的汁拌进糯米粉里，然后包上豆沙、枣泥等馅料，放进蒸笼里。蒸熟出笼的青团色泽鲜绿，有着悠长的青草气息；闻起来清香扑鼻，吃着口感软糯香甜。

江南有梦烟雨，长河流入故里。恍惚间，炊烟已慢慢渡过百川千万里。“万物生长此时，皆清洁而明净，故谓之清明”。最后，预祝各位清明安康，共同祈福未来！

合肥五十中天鹅湖校区2019级七(22)班朱东阳

思路点拨

一、演讲稿内容

(一)符合清明气氛

清明，仿佛是和雨分不开的。雨，仿佛又和忧伤紧密相连。杜牧的"清明时节雨纷纷，路上行人欲断魂"，就是对清明雨最好的诠释。演讲稿以"满眼游丝兼落絮，红杏开时，一霎清明雨"为起始，更是给演讲稿奠定了哀婉凄迷的感情基调。随之作者写了清明的活动，"祭祖"前奏是寒食节。"清明多雨，是清明成全了雨，更是雨衬托了清明"更是平添了清明的凄清，给清明平添了一丝惆怅和忧伤。但演讲稿并没有完全沉溺于这份忧伤和惆怅中，反而是想从这种氛围中硬生生地把人拉出来，用"扫墓，是为了让心灵得以喘息，生命得以延续"作为过渡，下面开始写对清明相关活动的感受------荡秋千的惬意、踏青赏春的欢畅，以及江南美食青团的清香，让忧伤的清明多了些明朗。

(二)普及了清明常识

清明已被列入世界非物质文化遗产名录，是受国家层面重视的几大传统节日之一，也是节气和节日合二为一的一个传统节日。北方人一般在清明扫墓祭祖，而南方人过得更有文化气息。清明之前有一个非常正规的寒食节，江南的雨更是平添了几分清明的凄迷和诗意。清朗的日子里，游春踏青、荡秋千、放风筝，这些活动更是平添了江南人的诗化生活与清明的特殊含义。最后讲到江南的吃食青团，更显一分清爽和温馨。青团是江南一大特色食品，江北很难见到，这对北方的学生来说更显新奇。

二、演讲风格与技巧

（一）整个演讲风格偏于抒情

春天是个含情的季节，清明算一个抒情的节日。演讲者准确地把握演讲稿的内容，结合典雅隽永的语言，情感抒发把握精准。语气、语调也拿捏得恰到好处。第一节叙述清明美景，当用柔和甜美的语调；第二节讲清明文化、寒食节与扫墓时，当转用哀婉忧伤的语调；第三、第四、第五节讲清明游玩，应用柔和平静的语调，娓娓道来。

（二）演讲在形式上应是声音和表情的完美结合

上面说了这篇演讲稿抒情意味很浓，抒情不应仅限于声音高低起伏的变化，也不只是缓急柔促的更迭，应配以面部表情及态势语的变化。表情、态势语有时更能直观地感染观众，把观众代入演讲者的情绪，以达到心理共鸣。当演讲者平静叙述清明美景及踏青活动时，他则是一副享受的神态，双眼微闭，满脸幸福，非常陶醉的样子；当讲到伤春和扫墓时，则有凄伤之感，带给观众很强的感染力。虽有刻意表演的成分，但“演讲”一说，当有“演”的成分。

(三)演讲者很注重情境代入感

演讲者刚登场，就积极和同学们互动，亲切的眼神和恭敬的态度很快让眼前的听众进入情境。进入演讲状态之后，演讲者很注重自己的声音变化、表情转换以及态势语的运用，尽量让自己和演讲内容融为一体，让自己去感染别人，从而最大限度地引起听众的心理共鸣。

小试牛刀

阳春三月，春和景明。清明节是中国重要的传统节日之一。作为学校“春季艺术文化节”的保留活动之一，清明节主题演讲活动将如期展开。请你根据例文和“思路点拨”中的分析与提示，写一篇演讲时长在五分钟之内的演讲稿，参加今年的清明节演讲活动。

第七课

端午节演讲

情境导入

又是一年端午节。

2019级八(22)班同学为了过一个更有意义的端午节，大家已经准备了好长时间。去年全体同学在学校食堂亲自动手包粽子、画鸭蛋。我们还特意请来了几个心灵手巧的学生家长，现场指导孩子们包粽子。美术老师更是亲临现场，指导学生画鸭蛋。整个下午大家过得其乐融融，最后还美餐一顿。后期还有精美的鸭蛋绘画工艺品在班级展出。可以说去年的端午节锻炼了学生的“动手”能力，今年我打算让他们锻炼“动口”能力——举办一场别开生面的演讲比赛。

下面就是今年“过端午，诉‘粽’情”演讲比赛冠军得主的演讲稿。

案例呈现

闻蒲艾芳香，行“端午精神”

尊敬的老师，亲爱的同学们：

大家好！

我今天所演讲的主题是“闻蒲艾芳香，行‘端午精神’”。

艾草清芬，粽叶芳香。每年的农历五月初五是我国的传统节日——端午节，它是我国首批进入世界非物质文化遗产名录的传统节日之一。

端午节是纪念爱国诗人屈原的。屈原全心全意地为国献计献策，却不被君王所接受，无奈跳江而死。后人为纪念屈原，用粽叶包着糯米，蒸熟之后抛入江中喂鱼吃，以此避免江中的鱼吃屈原的身体。粽叶包糯米渐渐地就形成了粽子，从此人们在端午节以吃粽子作为纪念屈原的形式之一。

端午节的活动丰富，如插艾草、喝雄黄酒表达人们对驱邪避祸的愿望、对美好生活的向往；赛龙舟，大家齐心协力，奋勇向前，象征自强进取的奋斗精神。正如习近平总书记所说"幸福是奋斗出来的"，赛龙舟体现着中华民族的精神实质——顽强拼搏、一往无前的大无畏精神。

多少年来，许多前辈为我们做出了榜样。钱学森放弃美国的高薪工作，他毅然决然地回到了一穷二白的中国，把平生所学贡献给祖国；著名工程师詹天佑为国不计名与利，不辞劳苦设计出了震惊中外的中国第一条铁路——京张铁路；还有为祖国核武器研发的两弹元勋、核武器专家邓稼先……顾炎武说过："天下兴亡，匹夫有责。"回顾历史，有多少仁人志士为捍卫祖国尊严鞠躬尽瘁，死而后已。他们或是在战场上横刀立马，或是在朝堂中据理力争，都是一样的以身报国。

同时，作为青少年的我们，要将顽强不屈、死而后已的"端午精神"传承下去，将爱国精神发扬光大。有些人会问："什么是爱国？"爱国就是要有担当，就是在祖国面临困难时不退缩、不放弃。新冠肺炎疫情中的美丽逆行者；百年不遇的洪涝灾害中的军民共赴时艰；举国上下，民众团结攻坚克难，不论身处何地，时刻与祖国心连着心；无论何时，心中都装着祖国……在当下，我们最重要的还是好好学习，坚定自己的信念，把自己对祖国深深的热爱与敬仰，化为自己努力前进的动力，从而以优异的成绩回报祖国。愿大家只争朝夕，不负韶华，为自己的理想去努力！为中华民族在世界民族之林中立于不败之地奋斗吧！

我的演讲到此结束，谢谢大家！

合肥五十中天鹅湖校区2019级八(22)班武迎莹

思路点拨

一、演讲稿内容

(一)倡导“端午精神”

端午节是为纪念爱国主义诗人屈原设立的。当然，也有些地方说是为了纪念伍子胥而设立，但为纪念屈原而设立端午节是绝大部分人的认知。人们借助这个节日，寄托了对爱国主义诗人屈原最深沉的爱；同时，它也是几千年来我们华夏民族独特的文化记忆。端午节传承的是一种悲壮凄美的爱国情怀。作者所说的“端午精神”应该是一种爱国精神的代名词，是一种高尚的家国情怀。拥有爱国情怀的一代代英雄，正是中国脊梁的一节节脊椎骨。中华民族也正是这样一个拥有无数英雄儿女的民族。爱国主义精神代代相传，生生不息。

演讲稿中所倡导的“行‘端午精神’”正是爱国精神的传承。

（二）用事实说话

爱国主义不仅是一种精神，更是中华民族的传统美德，也是全国各族人民共同的精神支柱。每一代人都有不同的责任和使命，但每一代人都有相同的爱国情怀。古代的屈原为国请命不成而慷慨赴死，近代的林则徐为富国强兵而虎门销烟，现代的孙中山为黎民幸福而奔走呼号，更有当代的钱学森、邓稼先为祖国繁荣富强而鞠躬尽瘁，死而后已。历史走到今天，抗击疫情的最美逆行者抛家别子，奔赴生死线；守卫边疆的人民子弟兵英勇无畏，舍生忘死，无不是爱国精神的体现。战争年代，一批批仁人志士抛头颅、洒热血，马革裹尸，舍生取义；和平年代，各行各业万众一心，众志成城，守望相助，无私奉献。无论何时何地，无不彰显着爱国主义精神的时代内涵和磅礴力量。

（三）内容安排有待改进

演讲稿内容涉及三个方面：端午节由来及习俗、“端午精神”和事实列举。但演讲稿中三者内容略显杂糅，且都有“浅尝辄止”的感觉。从题目看，演讲稿内容应侧重“行‘端午精神’”，应在列举事实的基础上，论及爱国精神，进而号召同学们学习这种伟大的爱国情怀，弘扬这种爱国精神。做到循序渐进、层层深入，条理才会更加清晰，也会更有说服力。

二、演讲技巧与过程

(一)演讲者仪表端庄,态度谨慎

演讲过程中,演讲者给人的印象无疑很重要,好的印象有时会给演讲内容增光添彩。演讲者着装要得体,大方端庄。举手投足之间略带严谨,深情款款而不落俗套。本次演讲者给人谨慎庄重的感觉,作为初次演讲已难能可贵。

(二)情绪高昂,声音响亮

演讲内容在于传递一种精神,弘扬胸中正气。号召学子们要学习先辈身上的一些高贵品质,以他们的行动为榜样,践行自己的价值观。演讲具有鼓舞听众斗志,激励他们前进的功能,这是一种呼吁。情绪激昂、声音响亮更能达到这种效果,这和演讲内容十分契合。

(三)不足之处

演讲内容略显空洞,真情实感稍差一些。演讲,有演有讲,讲要有实际内容作为依托,演可以增强讲的效果。内容真实可信,情感真挚到位,当是演讲要追求的目标。

小试牛刀

端午节，在中国南方过得比较隆重。每到端午节，江南地区的热闹程度甚至不亚于春节。请根据范文及“思路点拨”中的提示与要求，写一篇千字左右的演讲稿，参与班级以端午节为主题的演讲活动。

第八课

中秋节演讲

情境导入

转眼又到中秋节。学校有一个惯例，非常重视端午节、中秋节和春节这样的传统节日。每逢传统节日，学校就会举行一场有仪式感的统一活动，或是号召各班自由开展有特色的班级活动，并且要求各班举行活动时，要突出传统节日的文化气息，普及与之相关的风俗习惯、常识等。

各班师生更喜欢自己开展活动。学生和本班任课老师全员参与，更有热心的家长也参与其中，这些活动既丰富了学生的学习生活，也增强了师生关系和亲子关系，可谓一举多得。所以，大部分班级每年都乐此不疲地举办活动。

2020年的中秋节，2019级八(22)班在举行了“赏明月，诵经典”的诗词朗诵大会之后，又举行了一场演讲比赛。

下面就是本次演讲比赛中一篇比较好的演讲稿。

案例呈现

中国的传统节日——中秋节

尊敬的各位领导、老师，亲爱的同学们：

大家好！

中秋也称“月夕”“秋夕”，在唐朝初年成为固定节日，至宋朝成了“圆满”的节日。今为中秋之称，是因为古人认为月亮象征着团圆，农历八月十五又正值秋天的中时，以月之圆喻人之团圆，寄托人们对美好生活的愿景吧。

中秋节于我而言，必不可少的是赏月。据说此夜月球距地球最近，月亮最大、最圆、最亮。那嵌在夜幕中的圆月，会在中秋这天大放异彩。而在每个仰头望月的人眼里，却是同月异感。嫦娥的月亮是冷清的；吴刚的月亮是顽强的；海外游子的月亮是挟裹着一缕乡愁的；孩子心中的月亮是油亮喷香的，带着月饼的香甜；诗人眸中的月亮是多情的，明亮而拥有着淡淡的忧伤，是情绪、是思乡；在我眼里，它是甜甜的，藏着一坛桂花酒的芬芳，怀着一分儿时的幻想。

词一曲、酒一杯，月明星稀；吃月饼，叹相思，不知人状况；菊瓣香，桂花酿，花好月圆，欢聚一堂。这一天，在月光衬托下，一切都饱含着美好与喜悦，树影婆娑，晚风拂，那一枚枚盛开在秋夜里的月饼，是在向你道一声“花好人佳，共度秋夕”。一轮圆月，无比明亮，轻盈洒下，梧桐流光，皎月冰凉，丹桂飘香，天上宫阙，今夕何夕？

不知多少轮中秋之月在黑色的夜幕里隐去，又有多少轮温柔如斯的月亮，将在不久莅临星夜？

中秋节，是中国的文化瑰宝之一，有着连绵深厚的中华情结，象征着团圆美满，幸福喜悦；中秋的月亮，格外的皎洁，是那么的透亮，不染尘埃。那十五日镶嵌在天鹅绒般深蓝的夜空中的圆月，又因为节日色彩，而蒙上一层轻纱似的神秘，朦胧而不失美感。那一抹悠悠的白月光，穿透了历史的铁壁铜墙，经历过诸多变数的它，染上了一抹沧桑。

中秋佳节，一个阖家团圆的节日，家人团团圆圆地相聚，齐聚一堂欢声笑语，分享月饼、浅酌佳酿，抬头赏月、低头品茶；伴随着中秋晚会歌曲中传来的“但愿人长久，千里共婵娟”！好一番花好月圆的景象。

祝在座的各位中秋快乐、阖家团圆！

合肥五十中天鹅湖校区2019级八(22)班曾佳怡

思路点拨

一、演讲稿内容

(一)中秋承载乡愁，明月寄托情感

“但愿人长久，千里共婵娟”。中秋是一个团圆的日子，在一年之中，除春节之外最重要的节日就是中秋了。中秋与明月是分不开的。试想：一轮明月之下，一家人围坐在庭院圆桌旁，赏明月、吃月饼、话亲情、谈未来，何等惬意。而月亮与相思又割舍不开。羁旅的游子、天涯的归客，无不借助明月来表达自己对家乡、对亲人的相思之苦。由此，更显亲情乡情的珍贵。

清明节、端午节、中秋节、春节并称中国四大传统节日。演讲稿先从中秋的由来说起，然后详细介绍中秋的寓意。中秋寓意的载体当然是皎洁圆润的月亮了，有人考证，月亮在古诗词中的别称有近40种，可见古人对月亮的偏爱。演讲稿以

月亮象征着团圆开始，接着以月亮为核心引发出其他寓意。嫦娥的孤独、吴刚的顽强、游子的乡愁、孩子心中的美食、诗人寄托的相思，中秋圆月承载的情感太多太多。

中秋节是最有文化意味的一个节日了，从古到今有多少吟咏它的诗词歌赋，沉淀在中国文化的历史长河中。中秋永远是文人墨客割舍不下的情结，明月、清风、丹桂、梧桐都是中秋文化的符号，美酒、月饼、桂花糕、菊花茗承载的都是情长意丰的亲情和友情。

（二）演讲稿文学意味很浓

从演讲稿的二、三两节可以看出作者对文化常识掌握得较好，也有一定的文化底蕴和语言表达能力。“嫦娥的月亮……”这些句子蕴含着多少凄美缠绵的美好故事，又有多少温馨美好的情感蕴含其中；“词一曲、酒一杯，月明星稀。吃月饼，叹相思，不知人状况……”又氤氲着多少文人墨客的离愁别绪；树影晚风拂，梧桐丹桂皎月明，又承载着多少迁客骚人的喜怒哀乐、悲欢离合。语句对称，词句和谐，字里行间都是浓浓的文化气息。

（三）抒情意味浓

可能是中秋和诗词歌赋紧密相连，文学又与情感密不可分，中秋节就是一个抒情的节日。李白“举杯邀明月，对影成三人”的孤寂落寞；王建“今夜月明人尽望，不知秋思落谁家”的凄婉哀伤；刘方平“更深月色半人家，北斗阑干南斗斜”的静谧安详；张九龄“海上生明月，天涯共此时”的殷切期盼；还有“明月出天山，苍茫云海间”的苍茫邈远；“但愿人长久，千里共婵娟”的美好祝愿；“今人不见古时月，今月曾经照古人”的世事变幻；“人有悲欢离合，月有阴晴圆缺，此事古难全”的哲思感叹。每一种情感都有相应的妙词佳句来表达，每一种境界都有迁客骚人来渲染。中国是一个诗的国度，“何夜无月”，世界上没有任何一个国家的人对中秋那么情有独钟。吟咏中秋，感慨中秋，或赞美，或感伤，或流连，或惋惜，真是“千古多少事，都付追月中”。世上任何一种情感，都应该能从中国的诗词歌赋中找到痕迹。演讲稿中大量引用、化用、活用中国古代的诗词歌赋来表现中秋节承载的、人民寄寓的各种情感，也是这篇演讲稿的一大特色。

二、演讲技巧与过程

（一）仪态端庄，富有亲和力

演讲者是一个文静内敛的孩子，平时不苟言笑、荣辱不惊，做事严谨细致、有条不紊。她把平时的行事做派带到了演讲当中，别有一番风味。上场时她身着淡红色上衣，白色筒裤，往台中央一站，干净明朗，给人一种端庄严谨、落落大方的感觉。演讲者面带微笑，眼神柔和，双手叠放胸前，充满了亲和力。这与当下中秋团圆祥和的气氛相当契合，把全场带入了一种安静温情的氛围。她的这些和谐而符合场景的举止和衣着，也给自己营造了一个良好的演讲氛围。

(二)情感表达拿捏到位

这篇演讲稿文学气息较浓,在演讲中演讲者仿佛把听众带入一种情景俱佳的散文或诗歌意境当中。这篇演讲稿感情主基调温馨和谐、祥和幸福。也间有游子思乡的忧愁哀伤,嫦娥孤灯清影般的孤寂落寞,吴刚砍桂树的坚忍顽强,桂花酒、菊花茶的淡远悠长,梧桐挂疏月、清冷明月光的凄清悲凉。她语速平缓,语气柔和,语调波澜不惊。闭上眼睛静静地听,如一条小溪静静地流淌,舒缓有致,别有韵味。

(三)丰富多变的态势语

情感的表达在演讲技巧上着力于三个方面:富有变化的语气语调与缓急适中的语速、得体的态势语和与内容相符的神态表情。上面说,这是一篇抒情性强的中秋演讲稿,感情主基调是温馨幸福。在语速上平缓,在语气语调上当柔美平和,抑扬幅度不应过大。演讲者在这方面的处理是比较出色的。在"朗诵式"演讲过程中,演讲者手势或缓缓抬起,或慢慢落下,或左右开合,动作舒展大方。她眼波流动,神情幸福,面部表情随着演讲内容而做微妙的改变,给全场听众一种很强的代入感。演讲内容在演讲者恰到好处的情感表达中引起现场参与者强烈的心理共鸣,可谓"演""讲"结合,恰到好处。

小试牛刀

在中国的传统节日中，中秋节是仅次于春节的一个重要节日。中秋节往往是思乡思亲、家人团聚的代名词。请根据范文和“思路点拨”中的提示与要求，写一篇演讲时长在五分钟之内的演讲稿，参加学校中秋节主题演讲活动。

第九课

春节演讲

情境导入

“爆竹声中一岁除，春风送暖入屠苏”。

春节是中华民族最隆重的传统节日，在期末考试结束前的最后一天，2019级七(22)班举行了一场“迎新春，话甲子”的茶话会。教室内课桌椅按顺序两边摆放，同学们相对而坐，桌上摆满了水果和零食。同学们平时学习比较紧张，为了让他们考试之后放松一下，我特意安排了这场活动。

同学们欢声笑语，其乐融融，我把本次活动的筹办权交给了班委会。活动形式、活动内容完全由班委会牵头，自行安排。这一届班委会能力强、威信高，找出了两位口语表达好、组织能力强的主持人邵天成、陈芷映。本是一场茶话会，这些孩子硬生生将其办成了才艺表演会。筝声琴韵余音袅袅，相声小品妙趣横生，演讲朗诵精彩纷呈。在这次活动中演讲掀起了一个小小的高潮。下面是贺翔云同学的演讲内容。

案例呈现

中国的传统节日——春节

敬爱的老师、亲爱的同学们：

大家好！

很高兴能和大家一起交流。今天，我演讲的主题是：中国的传统节日——春节。

说到春节，想必大家都不陌生。在氤氲的饺子香气里，在怒放的漫天烟火里，在摇曳的团团灯影里……节日欢乐和文化的源远流长，在这个重要的日子里一同活色生香。

“小孩小孩你别馋，过了腊八就是年……”

如歌谣中所唱，春节的第一朵花蕾中，逸散的是腊八粥的香甜。腊八粥是一种在腊八节用多种食材熬制的粥，也叫作七宝五味粥。吃腊八粥，用以庆祝丰收，这种习俗一直流传至今。以精心准备的大米、小米、黄米、绿豆、赤豆、白芸豆、红枣和栗子等食材经过慢火煨制，就成了一碗醇香味美的腊八粥。经过岁月的变迁，不同的地区逐渐演变出了不同的腊八粥做法。改变的是制作方法，不变的是浓浓的年味儿。

喝腊八粥，扫尘，祭灶神……“过了腊八就是年”。在喝了腊八粥之后，春节——这个中国历史上最重要的传统节日便拉开了帷幕。挥毫泼墨，写就一副副春联，火红的颜色点亮了

冬日的城市，数千年的传统文化也在翰墨飘香中沁人心脾。夜晚，华灯初上，全家人欢聚一堂共同守岁。孩子们捧着用红包装着的压岁钱，大人说，压岁钱有辟邪的作用——当然，这表达的仅是人们的美好愿景。大年初一的早晨，人们走街串巷、互相拜年，鞭炮声和笑语声久久不绝……这些传统中，蕴藏的是人们对平安的祈祷和对阖家团圆的期盼。

然而，近年来，过年中传统文化的痕迹却越来越淡。鞭炮的声音渐渐消失了；春联上浓重的印刷气息替代了墨香；拜年，早已简化成了手机上一句毫无温度的问候……

我们的传统文化呢？难道这些传统的习俗、这些几百年甚至几千年的文化，就应该被时代抛下吗？

答案是否定的。我们应弘扬优秀的传统文化，将其继承并发扬光大，而不是将其当作一桩无关痛痒的小事而漠视。这个春节，熬一锅腊八粥吧，挥毫写一副春联吧，和家人吃一顿团圆饭吧，感受一回那人间烟火、那浓浓的年味儿吧……

我的演讲到此结束，谢谢大家！

合肥五十中天鹅湖校区2019级七(22)班贺翔云

思路点拨

一、演讲稿内容

无论东方、西方都有过年的习俗，也都有过年的文化。我们的除夕相当于西方的平安夜，我们的大年初一就相当于西方的圣诞节。东西方过节都有各自的仪式感，这就是所谓的习俗和文化吧。

(一)本篇演讲稿最大的特点就是强调年文化

过年总的气氛是热闹、喜庆。东西方过年的季节都在寒冷的冬天里，过年都讲究喜庆热闹。

有关过年的题材，无论是写其他文章还是写演讲稿，都是渲染喜庆、热闹、团圆祥和等气氛的载体。我觉得西方人的过年文化气息不浓，时间也短。我们中国人过年，从腊月初八到正月十五元宵节加在一起要过一个多月。过年是从腊八即腊月初八正式开始的，所以演讲稿中写道："在喝了腊八粥之后，春节——这个中国历史上最重要的传统节日便拉开了帷幕。"

过年的歌谣、喝腊八粥，像过年的引子一样，把话题引入到年文化之中。演讲稿重点写了腊八——这个年的头，而略写了大家往往都会浓墨重彩去渲染有年味儿的放鞭炮、贴春联、互相拜年、压岁钱、阖家团圆等内容。甚至详细罗列了腊八粥的食材，我觉得这不是写过年的演讲稿跑偏了，恰恰是作者的匠心独运之处。腊八也是年，而且是过年的开端，腊八粥的制作也是一种文化。腊八粥承载了我们美好的愿望，更体现了人们对未来美好生活的向往。这恰恰正是人们过年的本意，所以作者说"改变的是制作方法，不变的是浓浓的年味儿"，年味儿就是我们历代相传的文化味儿。

（二）演讲稿富有童趣

“小孩小孩你别馋，过了腊八就是年……”一句熟悉的童谣就引入了过年起始标志日：腊八，把我们带入童年的纯真烂漫之中。仿佛眼前有一个手拿彩色风车、口里唱着清亮的童谣、蹦蹦跳跳的孩童冲我们而来，温馨而舒畅，这和过年的气氛很是契合。然后讲腊八粥的具体做法，小孩过年最大的快乐是什么？好吃好喝肯定是其中一项。当然，现在生活条件好了，过去小孩子盼过年的那种期盼已淡化不少，但吃也能激起过去我们对盼年、过年的美好回忆。

（三）有详有略，处理得当

作者在写这篇演讲稿时，渲染过年气氛放在其次，而把呼唤年文化当成重点。文中对渲染喜庆热闹过年气氛的那些活动只是一笔带过，而把对过年传统文化的淡化，以及呼唤年文化的回归写得比较到位。包括过年的童谣、腊八粥的制作与寓意，何尝不是年文化的一部分，看似了无痕迹，实则匠心独运。

二、演讲技巧与过程

（一）有自己独特的演讲风格

贺翔云平时是一个文静内向的小姑娘，有思想，有才华。从所写演讲稿内容就可以看出，她是较偏重于理性思考的，对年文化淡化的失落及对年文化回归的呼唤本身就是偏理性思考的。理性思考的东西逻辑性较强，也有一定的思辨性。但这在演讲时不容易出彩，语气语调也不容易有过多变化，语速趋于平直。贺祥云的处理方式则是在开始时娓娓道来，后面则是平静地叙述，重在说理，轻在叙事抒情，处理得也算合适，留给听众的则是静静的思考。演讲者留给听众的印象，是一个理性思辨的人。

（二）恰到好处的态势语

这篇演讲稿的主要内容不是渲染过年的热闹、喜庆气氛，反倒是对年文化逐渐淡化的一种反思，所以演讲者没有过多渲染气氛的表演式态势语。演讲过程中，演讲者“演”的成分大为减少，“讲”的部分较为明显。演讲者在前半部分说到过年的活动时，演讲语气、语调活泼一些，手势有点开合；到了演讲后半部分，谈到年文化消失的遗憾，以及呼唤年文化的回归时，几乎不再有特别大的动作。理性思辨的内容，加上恰到好处的态势语，营造了一个相对温和淡然的演讲风格。

（三）言犹未尽是演讲稿的不足之处

可能演讲稿过于简短的缘故，对涉及问题的解说不够深入透彻。比如说缺少的年味儿到底是什么？是哪些方面做得不如以前了？我们重视年文化，应该从哪些实际的做法入手？国家层面的？社会层面的？个人层面的？可以根据自己的认知，或是从了解到的一些风俗文化入手，给同学们一个明确的答案或指向，怎样做才能恢复过年的往日繁华。这些都是在写演讲稿时应该注意的问题。

小试牛刀

临近春节，市教育局举行“继承传统文化，共度新春佳节”系列活动。学校为响应上级教育主管部门的号召，举行班级迎新春演讲比赛。请你根据“思路点拨”中的分析和要求，写一篇千字左右的演讲稿，并参加班级演讲活动。

第十课

国庆节演讲

情境导入

2019年10月1日，是伟大祖国70华诞，举国上下普天同庆。

合肥五十中集团总校到处彩旗飘飘，人声鼎沸，整个校园如一片红色的海洋。集团总校举行了丰富多彩的庆祝活动，包括全校庆祝大会、诗歌朗诵大会、教师歌咏大赛、学生征文比赛、学生演讲大赛等。

10月1日上午8时，全校庆祝大会在操场上隆重举行。集团校领导、市区领导、友好单位嘉宾齐聚一堂，共庆佳节。操场上欢歌笑语，一片祥和。庆祝大会在庄严的升旗仪式中开幕，随后是集团总校长江涛致辞，紧接着是各项活动有序开展，整个庆祝活动喜庆热闹，振奋人心。

下面是学生代表在国旗下的演讲内容。

案例呈现

加油吧，少年

1949年10月1日，毛主席站在天安门城楼上，向全世界发出宣告："中华人民共和国，成立了！"洪亮的声音重重敲在了每一个人的心里。是啊，中国人民被帝国主义列强欺辱上百年之久，而今，重新屹立在世界的东方。

自汉代以来，中国就已经是当时亚欧大陆的强国了，中间虽然也没落过，但很快便重新发展起来。但在清代末年，中国遭受了前所未有的打击：自1840年鸦片战争开始，中国就走向了没落之路；1900年，八国联军入侵北京，火烧圆明园，国人无力抵抗，皇帝仓皇出逃。此后，清朝政府又签下了丧权辱国的《辛丑条约》，中国从此沦为半封建半殖民国家。清政府的腐朽，使得外国人视国人如草芥，而甲午战争，更是将我泱泱大国推向历史的谷底。不在沉默中爆发，就在沉默中灭亡！1911年10月10日，武昌起义爆发，孙中山领导国民党，推翻了万恶的清王朝，但，好景不长，袁世凯篡位，人民以血和肉换来的胜利果实被他窃取。正在此时，中国共产党横空出世，经过14年艰苦卓绝的抗日打败日寇，3年打败腐朽的蒋家王朝。她，从那个当初只有50余名党员的党派，成长为现在拥有数千万党员的政党。5次围剿抗住，万里长征挺过，两线作战的她，取得了最终的胜利，并亲手缔造了这个伟大的国家：中华人民共和国。

可你是否知道，有多少人为此献出自己宝贵的生命，你现在的美好生活，是多少人努力的结果。哪有什么岁月静好，只是有人替你负重前行。是先辈的鲜血染红了旗帜，是先辈的肉体筑起了长城，才有今天我们优越的生活。正如《谁是最可爱的人》中所言：当你坐上早晨第一列电车驶向工厂的时候，当你扛上犁耙走向田野的时候，当你喝完一杯豆浆、提着书包走向学校的时候，当你安安静静坐到办公桌前计划这一天工作的时候，当你向孩子嘴里塞着苹果的时候，当你和爱人悠闲散步的时候，朋友，你是否意识到你是生活在幸福之中呢？如此看来，你的幸福，是千万前赴后继、慷慨赴死的英雄换来的，那么你还有什么资格抱怨现在的生活，你难道不应该好好学习吗？

梁启超在《少年中国说》中说道：故今日之责任不在他人，而全在我少年。少年是一个家庭未来的希望，是一个国家的顶梁柱，是一个民族命运的转折点。清朝的灭亡是少年无能，中华的振兴是年少有为。伟人并不是生来就是伟人，而是凭借着他们在少年时期为自己打下的坚实基础，才成为伟人。英雄并不是生来就是英雄，而是凭借着自己少年时期所承受的磨炼，才成为英雄。少年强则国强，少年富则国富，少年智则国智，这个时代属于我们。民族振兴，祖国发展，未来的幸福依靠我们，我们身上所承担的是中国的未来。

以梦为马，未来可期。我们只有今天的努力，才有明天的辉煌。

加油吧，少年！

我的演讲到此完毕。谢谢大家！

合肥五十中天鹅湖校区2020级七(16)班毕连天

思路点拨

一、演讲稿内容

(一)以史实说话,富有说服力

演讲稿忆古思今,跨越百年,风云变幻,沧海桑田。小作者用一连串的事实告诉我们:祖国历经坎坷,饱受磨难,我们今天的繁荣昌盛来之不易。演讲稿以大家熟知的历史常识来说理,言之凿凿,具有不容辩驳的效果。文中引用梁启超的语言并表述对它的理解,显示一个七年级的孩子,文史常识掌握得还是挺好的。而且从文中大处着眼,纵横捭阖地论述,可以看出演讲稿作者的整体素养是不错的。

(二)慷慨激昂的语言风格

通读全篇演讲稿,给人一种酣畅淋漓、大气磅礴、慷慨激奋之感。之所以有这种效果,除文中大量列举不容置辩的史实之外,排比、对偶、反问、对比等修辞方法的运用功不可没。排比、反问、手法可以增强语势,加强语气。对偶可以使演讲稿句式整齐,节奏明快。比如引用《谁是最可爱的人》中的一连串排比句,让我们体会到当下的幸福生活——岁月静好。而随之而来的反问句,让我们明白——今日的幸福是建立在无数先辈牺牲基础上的。对比鲜明,振聋发聩。这与首段的列举事实句式相似，可以看成是排比段的罗列，读来如滔滔江水，奔涌向前。

（三）行文逻辑性强

这篇演讲稿从1949年10月1日这个让历史铭记的日子写起，然后上溯千年，追溯中国曾经的荣光。再说中国近百年的屈辱历史，转而追溯中国共产党的创立以及后期的发展壮大。在纵横捭阖中展示中国共产党在我华夏文明发展史上的重要地位和作用。在这个庆祝由中国共产党创立的伟大的崭新中国的特殊日子里，列举不容置辩的史实，具有很强的说服力。随后引用《谁是最可爱的人》中的语句说明今天的幸福生活来之不易，我们今天的和平繁荣是由无数中国共产党革命先辈做出巨大牺牲换来的，我们应当倍加珍惜。这样就水到渠成地说明中国共产党是人民拥护的政党，我们今天的快速发展正是中国共产党的正确领导才取得的。层层深入，循序渐进，具有严密的逻辑推理过程。更直观的表现是最后一段文字，说少年是中国的未来和希望。由梁启超《少年中国说》的论断谈起，论及少年对大到国家、小到家庭的重要作用。再将少年与中国将来的宏图大业联系起来，进一步论证少年对祖国的重大意义。最后发出呼吁，将情绪推向了高潮，这样也符合演讲的时段安排。以此作为结尾也把整个演讲推到高潮。演讲稿有理有据，思路明晰。这也告诉我们一个道理：说理，只有富有逻辑推理的思维过程，才是最让人信服的。

二、演讲技巧与过程

(一)铿锵顿挫的语气

演讲稿最大的特点是用事实说话,用证据说理。铿锵有力、掷地有声的语音,更能体现不容置辩的事实。演讲者的声音中透露出来的是干脆,是决断,是大是大非的明辨。不容怀疑,不容忽视。一连串的词句说出来,如竹筒倒钢豆又落在瓷质地板上,明晰脆亮,节奏连贯。演讲者铿锵有力的语气语调大大增强了演讲效果。

(二)洒脱大方的举止

演讲者是一个清瘦干练的小男生。磅礴大气的演讲词在他干脆利索的演讲中滔滔而来,如大江奔涌,一往无前。演讲者异常自信,也异常从容。面对几千师生,现场仿佛是他一个人的舞台。举手投足,从容自若,每一个动作仿佛都是由内心自然生发;不滞顿,不做作,行云流水,浑然天成。看不出任何“演”的成分,洒脱大方的举止为他的演讲增色不少。

(三)干练利索的态势语

好的演讲是演和讲的最佳配合。讲的是主体内容,演的是外在形式。讲是听觉效果,演是视觉效果。只有让听众的视听效果达到最佳,演讲才有最好的结果。而观众最直观的感受是视觉效果,所以欧美大片比较讲究场景的营造,给人带来视觉的冲击。在演讲当中能给听众带来视觉冲击的是什么？是恰到好处的体态手势，是随内容而改变的演讲者的表情，这些都是最直观的。如奥巴马、特朗普，常把演讲当作“表演秀”。不管他们讲的内容对错，他们都把演讲中“演”的成分发挥到了极致。这从反面也给我们一个启示：演讲中“演”的成分不能忽视，再好的内容也需必要的包装。“好酒”也要有“好瓶”装，“好酒”就是演讲内容，“好瓶”就是外在包装。演讲中恰如其分的体态动作、丰富多变的表情必不可少。任何一个出色的演说家，定有属于自己的“表情包”。在这里，演讲者“干练、利索、果断、坚毅”的神态，就是属于他自己的表情包。

小试牛刀

10月1日国庆节，国之庆生日。每到这一天，全国上下，普天同庆。上到中央政府，下到各类学校，都要举行隆重的活动进行庆祝。在学校，开展国庆演讲是保留节目。你作为一名中学生，结合所给范文和“思路点拨”内容，写一篇千字左右的演讲稿，准备参加学校的国庆节演讲比赛。

第十一课

国家公祭日演讲

情境导入

2019年12月13日早8点，大蜀山烈士陵园广场纪念碑前。当天是第六个国家公祭日，合肥市五十中教育集团专门举行了一场别开生面的爱国主义教育活动——在大蜀山烈士纪念碑前举行国家公祭日宣讲活动。

活动先由纪念馆讲解员讲解合肥的抗战史以及南京大屠杀的有关情况，再由天鹅湖校区2019级七(30)班学生代表袁婧发表国家公祭日演讲，最后由集团总校长江涛进行总结发言。江涛校长说，我们不忘历史，是希望以史为鉴，人类不再有战争。同学们作为祖国的接班人，要了解战争给人类造成的巨大损失和深重灾难，要好好学习，用实际行动让自己的祖国越来越强大，实现中国梦。只有自己足够强大，才能免受欺凌。我们要化剑为犁，维护和平。这是青少年一代应该有的责任和担当。

“牢记历史，不是记住仇恨，而是让历史不再重演”。江涛校长的讲话语气铿锵，充满对学子们的期待和鼓励，同学们也听得群情激昂。

案例呈现

我们都记得

——纪念“南京大屠杀死难者国家公祭日”

敬爱的校领导、亲爱的同学们：

大家好！今天我演讲的主题是“南京大屠杀死难者国家公祭日——缅怀过去，砥砺前行”。

听，是12月13日的哭声在回荡，无数家庭在顷刻间崩塌，支离破碎；看，是12月13日的狰狞笑面印在空中，繁华的南京城在血雨中飘荡；是12月13日啊，那个罪恶的日子。我们怎能忘记？如何去释然？我们会不会记得那年的腥风血雨？在如今和平的年代里，国家公祭日就是我们暂停前进的脚步去缅怀历史的站点。

《左传》谓：“国之大事，在祀与戎。”“国家公祭日”在古代被叫作“公祀日”，公祭是国家大事，体现了中华儿女对历史的尊重，对国家的赤忱。

南京大屠杀是我们最不能忘记的一段历史——1937年12月13日，在短短的日子里，侵华日军血洗了整个南京城。我们都记得在那天，日军犯下了滔天大罪，惨绝人寰，让六朝古都陷入了水火之中。即使是在和平的今天，我们也以各种各样的方式去祭奠那段历史。是因为我们中国人小肚鸡肠吗？是因为我们仇视日本吗？不！都不是！忘记历史就等于背叛！历史不能忘！

习近平总书记指出:“和平是需要争取的,和平是需要维护的。只有人人都珍爱和平、维护和平,只有人人都记取战争的惨痛教训,和平才是有希望的。”

在美国的加利福尼亚州街头坐落着一座雕像——美国医生罗伯特·威尔逊的纪念碑,那里四季常青,摆满鲜花。他,是在东京宣判南京大屠杀时的第一位证人。在南京有一处地方,没有鲜艳的色彩,没有游客咔咔的拍照声,黑色的乌云笼罩在黑色的建筑上;没有嬉戏的风,再明亮的太阳落在地上也是冰冷的。那里是侵华日军南京大屠杀遇难同胞纪念馆。

在南京学生的课程中,《南京大屠杀死难者国家公祭读本》是必修教材;燕子矶公园等17个墓地全年持续接待众多中外参观者献花祭奠;侵华日军南京大屠杀遇难同胞纪念馆每天由早8点半开馆进入的前12名观众撞响和平大钟;南京一中等学校周末或节假日时间会组织志愿者去雨花台烈士陵园、侵华日军南京大屠杀遇难同胞纪念馆等处举行悼念祭扫等活动;江苏省联合南京市军地各部门每年在烈士纪念日当天都会组织新婚夫妇到烈士陵园献花……整整83年了,我们都没有忘记啊!

可是,日本的右翼分子却依然否认着这段历史,否认这段血淋淋的日子。日本国内右翼分子曾多次篡改历史教科书,或否认甚至美化南京大屠杀的存在。幸存者的名单变短了,但哭墙上铭刻的历史却在延长。在如今,南京大屠杀的幸存者已不过百人。他们!却还要丑态百出地磨灭人们的良知,去否定人尽皆知的事实!

历史不会随着时间的流逝而消失，真相也不会因为无知之人的辩解而扭曲。我们都记得！我们也永远不会忘记，不是吗？

那一年，南京沦为荒城；那一年，南京车水马龙；那一年，南京战火纷飞；那一年啊……乱世如麻。若有来世，定为死难同胞撑出锦绣年华！

我的演讲完毕，谢谢大家！

合肥五十中天鹅湖校区2019级七(30)班袁婧

思路点拨

一、演讲稿内容

每年12月13日是国人永远不该忘记的日子。

南京大屠杀是日本军国主义者犯下的滔天罪行。1937年12月13日，是中华民国首都南京被日本侵略者破城的日子，也是我们华夏儿女的耻辱日。从1937年7月7日卢沟桥的一声枪响到12月13日，短短的五个月，日本侵略军的铁蹄就践踏了中国从东北到华南的大部分地区。国破家亡，生灵涂炭，中华民族经受了前所未有的磨难，而南京大屠杀把这种磨难推到了极致。

南京是国人最不应该忘记的地方。

南京大屠杀是我们最不应该忘记的事件。

所以党的十八大以后，中央政府英明决策，把每年的12月13日设定为国家公祭日。每到这一天，上到中央，下到地方都以不同形式的活动进行纪念。在全世界和平发展的主基调下，日本反华右翼势力却重新抬头，在这一背景下国家设定国家公祭日更是必须的选择。只有不忘记战争造成的苦难，才能珍惜和平，记住耻辱；才能不背叛历史。

演讲稿忆往思今，颇具抒情性，又高度概括性地把南京大屠杀的发生、国家公祭日的设立等事件讲得清晰明白。摆事实，讲道理，具有感染力。这是公祭纪念日演讲最基本的特征。

二、演讲技巧方面

演讲者的优点首先是精神饱满、情绪激昂。演讲，要求演讲者营造一个恰如其分的情境，让听众有身临其境之感。而演讲者以饱满慷慨的情绪、富有变化的表情，给听众很大的感染，从而准确而恰当地营造出公祭氛围。

其次是富有变化的声音及语气语调。演讲者在叙述南京大屠杀的惨状时，声音低沉缓慢略带忧伤；说到公祭日的设立时声音平和舒缓，陈述理由时更显客观平静；讲述日本右翼势力表现时则声音高亢，慷慨激昂，表达了自己的愤懑；而结尾处今昔对比的一组排比句，声音时而低沉，时而高亢，铿锵顿挫的语调表达了自己的决心，把演讲推向高潮。一个高举定格的手势使演讲戛然而止，给听众留下想象的空间；同时，也是一个很好的谢幕方式。

最后是恰如其分的态势语。演讲者讲到悲伤内容时，面容凄然，目光低垂；讲到日本右翼分子否认历史时，表情坚定，满目愤慨；讲到美好未来时满脸幸福，目光充满希望。演讲者配合演讲内容大开大合的手势更是带动了听众的情绪。这些富有变化而又恰如其分的态势语，给听众以极大的感染，也体现了演讲者扎实的演讲功底和技巧。

小试牛刀

每年全国上下都会在“南京大屠杀死难者国家公祭日”隆重举行各级各类的纪念祭奠活动，请你根据“思路点拨”中的提示以及相关内容要求，写一篇演讲时长五分钟之内的演讲稿，并参与学校举办的国家公祭日演讲活动。

第十二课

宪法日演讲

情境导入

2020年11月29日至12月3日，由中华人民共和国教育部主办、北京外国语大学全国青少年法治教育中心承办的第五届全国学生“学宪法讲宪法”演讲比赛总决赛在北京市举行。来自全国31个省、自治区、直辖市，新疆生产建设兵团，香港、澳门特别行政区的34支代表队，小学、初中、高中、高校组以及网络海选组共148名选手齐聚北京，在全国总决赛的舞台上展开角逐，分享当代青少年对宪法的认识与理解，抒发对宪法的热爱与尊崇。

合肥五十中天鹅湖校区2020级七(17)班的姜莱同学作为安徽省初中组唯一选手，与来自全国各地的选手们展开激烈角逐，现场气氛紧张而热烈。姜莱同学紧扣主题、条理清晰，通过讲述身边扣人心扉的动人故事和案例来展现宪法的重要性，关注个人与宪法、国家之间的关系，传达了自身对宪法的信仰，结合“依法抗疫”“脱贫攻坚”等社会热点，诠释了宪法所赋予人民的生命健康权、受教育权、公民的基本权利和义务等，展现了当代中学生对于法治社会的理解，以及勇于承担学习、传播宪法的责任，有理有据地呈现了一场演讲盛宴。从讲解题目内容，到理解宪法精神，姜莱同学用扎实的宪法知识储备和稳重大气的演讲台风，很好地诠释了对于宪法精神的理解与思考，赢得现场评委专家的高度赞许。姜莱同学荣获全国演讲比赛三等奖。

这是继2018年胡婉琪同学后，合肥五十中天鹅湖校区选手再次代表安徽出征，再一次让合肥五十中天鹅湖校区的学宪法视频在国家的赛场上展示，也是全省唯一一所有两届学生代表安徽省参加演讲比赛进入全国总决赛的学校。

案例呈现

弘扬宪法精神 坚守公民义务

前些天，我的太爷爷收到了一份特别珍贵的礼物——中国人民志愿军抗美援朝出国作战70周年纪念章。同样当过兵的外公，小心翼翼地把这枚纪念章和“光荣之家”的光荣牌一起，放在家里最重要的位置。这是两代人抵抗侵略、保卫祖国的经历写照，更是中华人民共和国每一个公民履行神圣职责的体现。当我们坐在明亮的教室，接受现代文明的平等教育；当我们岁月静好，享受着《中华人民共和国宪法》赋予的幸福生活的权利时，你是否想到过，有多少人正履行着公民应尽的义务、负重前行呢？

作为一名七年级的学生，在学习《中华人民共和国宪法》时，我了解到：公民的权利和义务是相辅相成的，权利的实现需要义务的履行，义务的履行促进权利的实现。这段话一直引发我的思考，我从身边那一个个普通人的故事里去寻找答案。

今年春天，一场突如其来的疫情席卷人类，在这场全世界与病毒的战斗之中，每一位中华儿女都履行着自己的义务。我好朋友的爸爸妈妈都是安徽省立医院的医生，他们主动请缨奔赴武汉协和医院的重症监护室。出发的那一刻、逆行的洪流中，他们没有犹豫！就像钟南山院士所说的那样："这一切都是为了人民的健康。"当我们的同胞在海外遇到困难时，一架架带有国旗标识的飞机腾空而起，去接游子回家。我的爸爸是一名安全飞行18 000小时的资深机长，他主动请战，执飞包机！出发的那一天，我担忧地问爸爸：您为什么要冒着危险去飞行呢？爸爸说："祖国保护每一位中国公民，而当祖国需要的时候，我们就应该尽一份义务，挺身而出！"

我的邻居刘阿姨是一名驻村扶贫的"第一书记"，她在遥远的乡村干了整整六年。几个月前，作为全省最后一批贫困县之一的阜南县，交出脱贫攻坚的高分答卷，甩掉了贫困县的帽子。但是阿姨告诉我，她还不能回来，作为一名教育扶贫工作者，她有义务继续留下来，推动农民工返乡就业，开办"妈妈工厂"，让留守儿童不再留守，让每一个孩子安心上学。

现在，我已经找到答案了：那些与死神掰过手腕的白衣战士告诉我，那些带头拼搏的党员干部告诉我，那些冲锋在前的解放军、公安民警告诉我，那些起早贪黑的快递小哥、环卫工人告诉我……一个个凡人善举所点亮的，既是一个国家的温暖记忆，也是中国宪法精神的传承！

习近平总书记说过：公民的基本权利和义务是宪法的核心内容，《中华人民共和国宪法》是每个公民享有权利、履行义务的根本保证。她，在我们成长的道路上洒下万丈光芒；她，教会我在仰望星空时不忘脚踏实地地前行！在这片被平等、公正、法治、爱国……呵护的土地上，让我们携起手来，弘扬宪法精神，坚守公民义务，描绘更加和谐、美好的明天！

合肥五十中天鹅湖校区2020级七(17)班姜莱

思路点拨

一、演讲稿内容

(一)让事实说话

俗话说“事实胜于雄辩”，短短千字文列举了4个事例，且都是真人真事，真实感人。收到抗美援朝出国作战70周年纪念章的一家两代老兵；与新冠病毒作战的最美逆行者；执飞撤侨包机归国的资深飞行机长；驻村扶贫的“第一书记”村干部、邻居刘阿姨，这些都是最近发生的事情，无论时效性还是可信度，都有很强的说服力。哪一件事、哪一个人无不让我们肃然起敬，感佩至极。发生在他们身上的事迹是他们的分内之事，也是分外之事。说是“分内之事”，这是他们的工作职责；说是“分外之事”，这些感人肺腑的事，他们本可以不做，但他们都舍身忘我、义无反顾地去做了，为何？责任感使然！使命感使然！他们诠释了宪法精神的最高含义。文短意长，感人肺腑。

（二）语气铿锵，逻辑性强

本演讲稿的内容主要是弘扬宪法精神。宪法精神可以概括为6个字：民主、法治、人权，这些词语内涵都比较广泛，演讲稿中具体地体现为“责任”和“义务”，所列举的事例也是体现当下时代楷模的责任感和使命感。有理有据，说服力强。在叙述事实的基础上，雄辩式议论、恰如其分的抒情方式都让人觉得演讲内容无懈可击，具有极强的表达效果。反问句、排比句的应用，让语言气势雄壮，无可辩驳。内容安排一层进一层、一环套一环，层层深入循序渐进，说理性强，极富逻辑性。

（三）文字言简意赅，极富表现力

演讲稿标准千字文，却列举了丰富的事例。百余字甚至几十字就能说清一个基本事实，挑最精要处讲，选最直观处说。事件明了，语言简洁。抒情、议论恰到好处。即使用挑剔的眼光来看，也几乎挑不出这篇演讲稿一句多余的话。看得出，演讲者对这篇演讲稿的写作是颇经过了一番推敲，当是费了不少心血，也体现了作者极强的语言文字驾驭功底。读来一气呵成，文采飞扬。叙述事件干脆利索，抒情议论拿捏得既准确又到位，当是演讲稿的典范之作。

二、演讲技巧

（一）演讲者自信满满，表现欲强

从上场起，姜莱同学步履从容，随之沉着而坚定地站在台中央，目光炯炯，气宇轩昂，能明显地看出演讲者自信的状态和出色的控场能力。站定之后，他彬彬有礼地介绍自己和演讲题目，有板有眼，落落大方。演讲稿从父子两代老兵入手，与大力宣传抗美援朝胜利70周年大背景契合，很快进入演讲主题，以责任和义务来体现宪法精神，叙述事件娓娓道来，议论逻辑严密，抒情真挚深沉，“讲”“演”结合。自始至终，演讲者都从容镇定，士气高昂，显示出足够的自信，也体现了自己演讲的实力。能走向全国的演讲舞台，还真得靠实力说话。

（二）出色的演讲技巧

演讲总的技巧是以讲为主、以演为辅。讲是灵魂，演是形式。讲是声音的功能，语速、语气、语调、停顿都有讲究。声音的抑扬顿挫，语速的缓急，都依据内容而变化，在这些方面，姜莱同学把控得较为得体到位，表现力强而不显做作。叙述事件客观平静，议论掷地有声，抒情款款有致，体现出演讲者过硬的演讲技巧。

（三）注重演讲节奏的把控

全国性的演讲比赛，各方面的要求都极为具体细致，特别是对时间的把握更为严格。从上场到下场每人3分钟，这就要求参赛者，在演讲过程的掌控上，必须拿捏得相当精准，既要高质量地完成既定演讲内容，又要把时间安排得恰到好处；既不能浪费宝贵的时间，又不能超时。姜莱同学很好地把握了演讲的节奏，张弛有度，既没有影响演讲效果，也精准地把握了时间，几乎在提示音响起的同时，演讲戛然而止，此举博得观众一片喝彩。

小试牛刀

自2016年以来，教育部每年定期举行各类学校“学宪法，讲宪法”的演讲比赛活动。请结合“案例呈现”与“思路点拨”中的内容和提示，写一篇千字左右的演讲稿，并参与学校举行的“学宪法，讲宪法”演讲比赛。

第十三课

成人礼演讲

情境导入

青春点燃梦想，激情放飞希望。十六岁，展开生命灿烂的微笑；十六岁，书写人生美妙的篇章。

在这充满活力、充满希望的春天，所有九年级的同学即将迎来人生重要的时刻，如诗一般浪漫、似玫瑰一般芬芳，像画一样绚烂、与金子一样闪光。十六岁绝不仅仅意味着生日蛋糕上的蜡烛数量是十六根，更是一种年轻的宣言，掀开人生新的篇章。

语文老师在班级里宣布学校将为全校九年级的同学举办成人礼仪式，并邀请老师、家长和同学们一起共同参与，见证同学们成长的重要里程碑。在此成人礼上，有个独特的活动安排，即举办一场主题为“青春有你”的演讲比赛。

听到这个通知，九年级学生学习生活的紧张和压抑气氛被一扫而光，同学们三五成群兴奋地聊着彼此的青春故事，聊到人生成熟的喜悦，又感到肩负的重担……

姜朋宸没有参与同学们的热烈讨论，默默走在教室外的走廊眺望远方，他很激动，很兴奋，也很开心，他特别希望能够展示自己的青春，却不知如何表达。语文老师看出了他的困惑，走到他的身边，抚摸着他的头，说：

“姜朋宸，怎么了？帅气阳光的你是有什么困惑了吗？”

“老师，我很想展示自己美好的青春，也有很多想说出的事，但是不知如何下笔、厘清思路。”

“不用担心，我们一起来探讨一下这个成人礼的主题‘青春有你’，你的青春是什么样的色彩？”

“我的青春是五彩斑斓的，有耀眼的金色、深沉的蓝色、绚丽的红色、明亮的绿色……”

“你喜欢自己的青春色彩吗？”

“非常喜欢，这些颜色让我的青春丰富多彩、无拘无束。”

“有这么美好的青春该多让人羡慕和向往，那么在你的青春中都有谁在默默付出和陪伴呢？”

“有一路陪伴我成长的父母，他们已双鬓斑白，默默付出不求回报；有教书育人的老师，他们用一支支粉笔，引领我们进入知识的海洋；有朝夕相处、同窗奋斗的同学们，他们朝气蓬勃，与我一起经历风雨彩虹……”

“很好，能说出这些话，说明你是一个懂得感恩且心思细腻的孩子。想想看，你的青春岁月中有他们的陪伴该有多么温馨和幸福，相信你的故事会非常精彩。你有自己的梦想吗？”

“老师，我的梦想是通过自己的努力，让自己成为对社会有用的人，能为家人遮风挡雨。”

“梦想既是动力也是责任，能让人脚踏实地、努力奋进。你有正确的价值观和独立自主的健康人格，必将实现梦想。”

“老师，我也有很多缺点，不知道会不会影响我成为成功的人。”

此时的姜朋宸同学略显沮丧，老师微笑地望着这个即将成人的孩子，和蔼可亲地说：“人无完人，金无足赤。人和万物各有优点和缺点。保持一颗真挚善良的心，用自己的双手创造出属于自己的人生和辉煌，用自己的能力影响和帮助身边的人，你就会是最快乐、最成功的人。”

姜朋宸看着老师，若有所思的脸已经完全释然了，稚嫩的脸上清晰地显现出成熟坚定的眼神。在语文老师的帮助下，他完成了自己成人礼的演讲作品《放飞青春，与你同行》，在演讲比赛中获得了优秀成绩。

案例呈现

放飞青春，与你同行

尊敬的校领导、老师，亲爱的同学们：

大家好！我是九年级(24)班的姜朋宸，今天我演讲的题目是《放飞青春，与你同行》。这是一个特殊的日子，今天的我们聚集在一起向过去的时光挥手告别，转身走向新的征程。

告别幼稚，走向独立；放下轻狂，学会感恩；挥手过去，创造未来。今天是一个神圣的日子，说她神圣，是因为这个日子每个人毕生只能度过一次。很荣幸，我能作为学生代表，见证这个值得铭记的神圣时刻!

此时此刻，我要向已经迈入成人殿堂的朋友们表示深深的祝福，向两年多来和我朝夕相处、共同奋斗、经历风雨彩虹的同学们表示感谢，感谢你们一路陪伴，风雨中有你们，一起见证我的成长。

三尺讲台存日月，一支粉笔写春秋。敬爱的老师，两年多来与我们一起朝出晚归，披星戴月，欣慰着我们的进步，烦恼着我们的烦恼，梦想着我们的梦想。我要向教育过我的所有老师道一句:“老师，您辛苦了!”，你们不仅教会我们知识，更教会我们做人的道理，感谢你们的谆谆教诲，感谢你们的一路陪伴和引领。

万爱千恩百苦，疼我孰知父母？慈母手中线，游子身上衣。母爱如水，父爱如山。如此多赞美父母的语言在我看来都不及父母对我付出之万分之一，他们赋予我生命，呵护我长大，教会我说话、走路，陪伴我走过十六载春秋。他们在我开心时，与我一同开怀大笑；在我沮丧时，与我分享点滴并指引我正确的前行方向；在我烦恼时，与我一起发泄一起发呆，鼓励我走出阴霾迎接曙光；在我遇到危险时，他们不计个人安危，救我于水火，给了我第二次生命……

父爱简单又浓烈，苦涩又醇香，平淡又亲切，父亲陪我成长的画面历历在目。春天，我们一起踢球、放风筝，领略大自然风光；夏天，我们一起在泳池嬉戏，游泳比赛打赌输后请我吃凉爽的冰激凌；秋天，我们徒步踏上山顶，一览众山小；冬天，皑皑白雪中我们一起堆雪人打雪仗，玩得不亦乐乎，他用温暖的大手牵着我一起回家。

母爱温馨又甜蜜，我依稀看到妈妈年轻的笑颜，以及她怀抱里那个撒娇的我。妈妈做的美食总是有诱人的香味，我捧起饭碗总能吃得津津有味；妈妈的话总是很多，嘘寒问暖，挂近牵远，千叮咛万嘱咐，怎么都说不完；妈妈的脚步，轻快又及时，只要我需要，她总能第一时间飞一样降临我的身边。记得在我6岁时，因为顽皮不慎掉入水塘，千钧一发之际，只有妈妈没有丝毫犹豫，不会水的她毅然决然跳入水中将我一把拽入她的怀里，给了我第二次的生命。

谁言寸草心，报得三春晖。成长意味着我们长大，意味着我们正在走向成熟。蓦然回首，发现我们已渐渐长大，父亲宽大的背影已变得矮小，母亲的双手已布满老茧，他们的爱却永不褪色。

我的青春五彩斑斓。耀眼荣光的金色，让茫茫黑夜中有了光明，让我奋斗路上激情盎然，那是成长的颜色，是进步的颜色，是成功的颜色，是风风雨雨中的坚强不屈，是失望挫折里的屹立不倒；激情绚丽的红色，是追逐梦想的颜

色，是挥洒血汗的颜色，是展现内心不羁信念的颜色；明亮生命的绿色，让我风雨压不垮，挫折推不倒，骄傲击不败，十年寒窗苦读，只为人生长廊浇灌生命的绿草，在人生的大洋里苦行，破浪前行；深沉包容的蓝色，让我们携着包涵，携着智慧，携着理智，观赏宽阔无垠的蓝色天空和海洋，用包容战胜鲁莽，用深情融化坚冰，用爱与热情拥抱青春。

理想和成人，总是相依相伴，我们中华民族新一代青年，是祖国的希望和未来，更是力量和脊梁！我们要有梦想，包括个人的梦想、全家的梦想以及中国的梦想！历史中，许多热血青年在民族存亡的危急关头，用他们的爱国热忱唤醒沉睡的民族，中国站起来了，那时他们也是十六岁！因为他们有理想且坚定不疑，为了理想前赴后继，奋斗终生。十六岁，我希望做一个有责任心且敢于担当的人。

十六岁的我们要记住：梦想绝不仅停留在梦想中，必须脚踏实地，努力奋斗，才能将梦想变为现实。人生是艰苦而漫长的，绝不是鲜花一遍，更不是坦途无限，面对困难与挫折，面对缺点和不足，决不能自暴自弃、知难而退，要有坚定的意志、克服困难的决心和成就梦想的毅力。

李樯说过，我们的人生是一栋只能建造一次的大楼，不能容许有一厘米的误差。杨澜说过，每个人在人生的每个阶段，都有应该去做的事，你错过了，就无法弥补。人们常说，人生没有演习，分分秒秒都是现场直播，成年，只有一次；青春，只有一次，我想当下如果有一条路是你不能选择的，那就是放弃的道路；如果有一条路是你不能回避的，那就是成长的道路。

愿大家聆听师长的教诲，不要执迷不悟；愿大家经得起诱惑，耐得住寂寞，心无旁骛，超越梦想；愿大家不负青春，用激情和梦想点亮青春的风采，用智慧与汗水铸就人生的辉煌！放飞青春，与你同行。

谢谢大家！

思路点拨

姜朋宸同学凭借主题新颖、分层递进、内容翔实、真情实感的演讲打动了老师与同学们，取得了优异的成绩。

怎样才能像姜朋宸同学那样，撰写出一篇精彩的演讲稿呢？

撰写演讲稿，可从以下四个方面入手。

一、主题新颖，先声夺人

演讲比赛往往事先定下主题，要求选手自拟标题，该标题一定要醒目、亮眼，先声夺人。姜朋宸在成人礼"青春有你"的主题演讲比赛中，选择"放飞青春，与你同行"的主题，既体现出青春的精彩活力，又能让人感受到他与青春温情的同行。

二、分层递进，烘托主题

首先要紧扣主题，分层递进。演讲稿的结构层次清晰明了，如“情境导入”中姜朋宸同学面对演讲主题“青春有你”时，没有思路，如果不选择主题及层次，就会把成人礼演讲主题写成了“理想和梦想”。他从感恩身边的同学、老师、父母等最亲近的人物入手，利用真人真事，层层递进，抒发与亲人的真情实感，使演讲稿更为打动人心。

其次要围绕主题，确定分层和要抒发的情感，以此来烘托主题。主题是演讲稿的思想观点，层次是演讲稿思想内容的表现次序，体现着演讲者思路展开的步骤，也反映了演讲者对客观事物的认知过程。演讲稿结构的层次是根据演讲的时空特点对演讲材料加以选取和组合而形成的。由于演讲是直接面对听众的活动，所以演讲稿的结构层次是听众无法凭借视觉加以把握的，而听觉对层次的把握又要受限于演讲的时间。显示演讲稿结构层次的基本方法就是在演讲中树立明显的有声语言标志，以此适时诉诸听众的听觉，从而获得层次清晰的效果。

最后，阐述自己的观点。按以上要求，就能做到结构上环环相扣，内容上层层深入。

三、布局谋篇，巧做安排

演讲稿是由开场白、主体、结尾三个部分构成的。各部分的具体要求如下：

(1)开场白要先声夺人，富有吸引力。

(2)主体部分要层层展开，逐步推向高潮。

(3)结尾要简洁有力，余音绕梁。

小试牛刀

最近，学校开展“自信但不能自负”的主题演讲比赛，你被班级选中了，将要参加比赛，请撰写一篇演讲稿，按照“思路点拨”中的方法，拿起笔，开动脑筋，写出一篇精彩的演讲稿。

第十四课

开学典礼演讲

情境导入

愉快的寒假生活结束了，同学们带着崭新的希望与饱满的热情迎来了新学期。开学第一课，语文老师与同学们一起畅谈假期里发生的趣事，并让同学们写一篇演讲稿，制订新的学习计划，展望新的学习生活。最后将举行一场主题为“开学之初”的演讲比赛。

张璞凡坐在座位上埋头苦想，但却没有一点头绪。语文老师走到她的面前，耐心地问她：

“张璞凡，看你抓耳挠腮的样子，是碰到什么难题了吗？”

“老师，我对演讲稿这种体裁没有一点思路，不知道该写些什么。”

“别着急，我们先来看一看这次演讲稿的主题——‘开学之初’，提到开学你想到什么呢？”

“新学期开始了，意味着迎来了一段新的学习生活。我不能再像寒假那样浪费时间了，我要好好学习。”

“对，是不是强调了这个‘新’？那你想一下怎么才能以一种崭新的面貌去迎接新的学习生活。”

“……嗯……”张璞凡皱了皱眉头思索了一番，“制订学习计划？”

“很好，除此之外，还有呢？”

“我要改变学习态度！”

语文老师微微一笑，点了点头。

“老师，那我该怎么把自己的想法写出来呢？”

“首先你得注意演讲稿的格式要求，确定你的主题。刚才我们分析过了，这次演讲稿的主题就是对新学期的一些展望和规划。然后，你要条理清晰地阐述你的观点，不要想到哪写到哪，要学会谋篇布局。注意了，一定要结合你自己的实际情况，不要讲空话！那样写出来的演讲稿空洞乏味，演讲效果也不好。演讲稿的文字不一定要华丽，但一定要有真情实感，能鼓舞人心，能打动听众。”

“好的，老师，我知道该怎么写了！谢谢老师！”张璞凡终于舒展了她的眉头。

在语文老师的帮助下，张璞凡终于写好了一篇名为《新学期新姿态新征程》的演讲稿，并在演讲比赛中取得了优秀的成绩。

案例呈现

新学期新姿态新征程

尊敬的老师、亲爱的同学们：

大家好！我是七(24)班的张璞凡，今天我演讲的题目是《新学期新姿态新征程》。

四月惠风和畅，春风给大地送来温暖，也送来希望。我们在春光明媚时回到了美丽的校园，并带着新的热忱与希望，踏上了新学期的征程。

一年之计在于春，春天是美好、希望的象征。农民在田野里播撒种子，用汗水浇灌着种子，孕育出希望之花；蜂蝶授粉采蜜，身影穿梭于繁花之间，散发出辛勤之香；而我们沐浴在阳光的温暖之下，穿梭于校园的书香之间，浑身洋溢着青春的甜美气息。春日美好，万物生长始于春。同样，一个良好的开端也将对我们的新学期起着至关重要的作用，就如同起跑姿势对于一场赛跑的作用一样。新学期伊始，我们必须以一个崭新的姿态去迎接新的开始，方能不辜负这大好春日。

调整好学习状态，是我们开启新征程需要迈出的第一步。我们要告别冬日的寒冷，告别假期的懈怠，以饱满的精神状态去追逐冉冉升起的朝阳，让太阳的光辉照亮我们前行的路途。新的一学期，我们上课要认真听讲，不能开小差；作业要认真完成，不能应付了事；考试要认真复习，不能“临时抱佛脚”。态度决定一切，没有良好的态度我们怎能做好一件事呢？新征程的第一步，我们要迈得准，走得稳！

有方向的路才能走得更久、更远。《礼记·中庸》里面有这么一句话：“凡事预则立，不预则废。”新征程需要制订可行的计划。学习是一个循序渐进的过程，初中的知识点相较于小学来说，难度系数增大，我们在花费更多精力的同时，也要制订一些合理的学习计划，才能做到事半功倍。为此，我专程买了日程本，记录我的每日计划。每日完成一个小计划，就打一个勾，当天计划全部完成就奖励一下自己。这样，在完成计划的过程中，我督促着自己进步。每天前进一小步，日积月累，积少成多，我相信在这学期期末，我将会前进一大步！

漫漫长路需要持之以恒地走下去，才能到达成功的彼岸。我们年纪尚小，做事情总是“三分钟热度”，因而总是与成功失之交臂。寒假期间，我的父亲母亲带我去爬大蜀山，在爬山的过程中，我看到陆续有人因为饥饿劳累而选择原路返回，或者是一直停留在原地休息不肯继续攀登。我选择坚持到最后，因为山顶的风景吸引着我。当我爬到山顶俯瞰整片山景的时候，夕阳的余晖映照在我脸庞，心中吹响了胜利的号角。山顶的风景很美，但只有坚持爬到最后的人才能领略到。学习和爬山一样，我们只有坚持不懈、持之以恒，才能有所收获，才能品尝到胜利的果实。

春天的号角已经吹响，同学们，让我们整装待发，以崭新的姿态去开启一段新的征程！

我的演讲完毕，谢谢大家！

思路点拨

上文中的张璞凡同学凭借紧扣主题、选好角度、内容翔实、真情实感的演讲打动了老师与同学们，取得了优异的成绩。撰写演讲稿，可从以下四个方面入手。

一、紧扣主题，巧妙拟题

演讲比赛往往事先定下主题，要求选手自拟标题，该标题一定要醒目、亮眼，先声夺人。如2020年合肥市中小学生“辉煌七十年奋进新时代”主题演讲比赛中，优秀演讲稿的标题有《我去皖西看天河》《高铁上的中国》《最后一公里》等。

二、找好角度，巧选材料

首先，要紧扣主题找好角度。如“情境导入”中张璞凡同学，面对演讲主题“开学之初”无从下手，如果不选择一个角度，将会把新学期的计划写成“愿望清单”，而她从自己的亲身经历着手，抒发了真情实感，使演讲稿更为打动人心。

其次，要围绕主题筛选材料。主题是演讲稿的思想观点，是演讲的主旨所在。材料是主题形成的基础，又是展现主题的支柱。演讲稿的思想观点必须靠材料来支撑，材料必须能充分地表现主题，有力地支持主题。所以，凡是能充分说明、突出、烘托主题的材料就应选用，否则就舍弃，要做到材料与观点的统一。另外，还要选择那些新颖的、典型的、真实的材料，使主题表现得更深刻、更有力。如《高铁上的中国》，就选取了近年来中国高铁发展的故事。

三、布局谋篇，巧做安排

演讲稿是由开场白、主体、结尾三个部分构成的，各部分的具体要求如下。

（一）开场白要先声夺人，富有吸引力

演讲稿的开场白，犹如戏剧开头的“镇场”，在全篇中占据重要的地位。

开场白的形式主要有如下几种：

(1)开门见山，亮出主旨。这种开头不绕弯子，直奔主题，开宗明义地提出自己的观点。如梁启超在《敬业和乐业》开头就说："但我确信'敬业与乐业'四个字，是人类生活的不二法门。"

(2)叙述事实，交代背景。开头向听众报告一些新发生的事实，比较容易引起人们的注意，吸引听众倾听。如闻一多《最后一次讲演》："这几天，大家晓得，在昆明出现了历史上最卑劣最无耻的事情！"

(3)提出问题，发人深思。通过提问，引导听众思考一个问题，并由此造成一个悬念，引起听众欲知答案的期待。如曲啸的《人生理想追求》就是这样开头的："一个人应该怎样对待自己青春的时光呢？我想在这里同大家谈谈我的情况。"

(4)引用警句，引出下文。引用内涵深刻、发人深省的警句，引出下面的内容。如优秀演讲稿《我的思考与奋起》，开头就很精彩："一个人如果一辈子都不曾混乱过，那么他从来就没有思考过。"

开头的方法还有一些，不再一一列举。总之无论采用什么形式的开头，都要做到先声夺人，富有吸引力。

(二)主体部分要层层展开,逐步推向高潮

演讲稿的主体,要层层展开,逐步推向高潮。所谓高潮,即演讲中最精彩、最激动人心的段落。在主体部分的行文上,要在理论上一步步说服听众,在内容上一步步吸引听众,在感情上一步步感染听众。要精心安排结构层次,层层深入,环环相扣,水到渠成地将演讲推向高潮。

主体部分展开的形式有以下三种:

1.并列式

并列式就是围绕演讲稿的中心论点,从不同角度、不同侧面进行表现,其结构形态呈放射状四面展开,宛若车轮之轴与其辐条。而每一个侧面都直接面向中心论点、证明中心论点。

2.递进式

递进式即从表面、浅层入手,采取步步深入、层层推进的方法,最终揭示深刻的主题,犹如层层剥笋。用这种方法来安排演讲稿的结构层次,能使事物得到由表及里的深入阐述。

3.并列递进结合式

并列递进结合式这种结构,或是在并列中包含递进,或是在递进中包含并列。一些纵横捭阖、气势雄伟的演讲稿常采用这种写作方式。

(三)结尾要干脆利落,简洁有力

演讲稿的结尾,是主体内容发展的必然结果。结尾或归纳,或升华,或提希望,或号召,方式有很多。好的结尾应收拢

全篇，卒章显志，干脆利落，简洁有力。

小试牛刀

最近，学校开展“珍惜时间，努力学习”的主题演讲比赛，你被班级选中了，将要参加年级比赛，要撰写一篇演讲稿，请按照“思路点拨”中的方法，拿起笔，开动脑筋，写出一篇精彩的演讲稿。

第十五课

安全教育演讲

情境导入

“嗨！听说你这次要在全国安全日上做国旗下的演讲？”作为姐姐的小华十分关心弟弟。

“是的！现在还有点不知所措，每年5•12全国防灾减灾日、119消防宣传日等安全活动日，听了不少同学老师的演讲，可轮到自己来演讲却不知道如何说起。我该如何交流自己的思想、感情，表达主张、见解呢？你能给我建议吗？”满脸疑惑的小听焦急地问道。

“哈哈……这个可难不倒我！去年我参加省里演讲比赛的时候，老师对我进行了专业的培训，教会我如何写演讲稿。要去演讲，说什么是最关键的，而且要说得清，让你的听众听得懂，听得进去。”

“那我应该怎样做呢？”

“首先，演讲稿是讲给人听的，因此，写演讲稿首先要了解听众对象：了解他们的思想状况、文化程度、职业状况如何；了解他们所关心和迫切需要解决的问题是什么等。否则，不看对象，演讲稿写得再花工夫，说得再天花乱坠，听众也会感到索然无味、无动于衷，也就达不到宣传、鼓动、教育和欣赏的目的。”

小听回答道：“我的听众是同学们，可以多说说校园生活和平时生活中遇到的问题和应该注意的事项。”

姐姐接着说：“其次，演讲稿观点要鲜明，要能显示演讲者对一种理性认知的肯定，给人以可信性和可靠感。演讲稿观点不鲜明，就缺乏说服力，也就失去了演讲的作用。演讲稿还要有真挚的感情，才能打动人、感染人，才有鼓动性。演讲既要有冷静的分析，又要有激情的表达；既要有所怒，又要有所喜；既要有所憎，又要有所爱。再者，演讲稿要写得有波澜，内容要有起有伏，有张有弛，有强调，有反复，有比较，有照应。而且语言要流畅、深刻风趣。”

“我懂了，从身边事入手，娓娓道来，入情入理，让同学们能听得进去，把演讲中的号召落实到行动中去。我现在就去写，姐姐你要帮我修改呀。”

“完全没问题，我相信你。”

小昕在姐姐的帮助下，自信大方地完成了演讲，得到了老师和同学们的一致好评，从而让他更加自信地学习和生活。

案例呈现

让安全与我们同行

尊敬的老师,亲爱的同学们:

大家好!今天,我演讲的题目是《让安全与我们同行》。

在父母眼里,我们是娇嫩欲放的花朵;在老师的眼里,我们是展翅待飞的雏鹰。在我们身上寄托着父母、老师、祖国的希望,他们希望我们茁壮成长,成为栋梁之材。然而,有的花还没开放就凋谢了,这是为什么呢?这是因为有些同学忘了"安全"两字,忽视了安全问题,让关心我们的家长、老师时时担心着,时时牵挂着。

据中国青少年研究中心的全国性大型调查发现,安全事故已经成为青少年儿童的第一杀手。我国每年大约有1.6万名中小学生非正常死亡,平均每天有40多人,也就是说每天有将近一个班的学生在消失。

同学们,在我们日常的学习生活中,我们要注意饮食安全,课间安全,交通安全,用电、用火安全,要预防传染性疾病的传播等。禁止在校园内吸烟、酗酒、追逐嬉闹;禁止在楼道和电梯内停留、聚集、打闹,禁止起哄或搞恶作剧。要注意活动安全。严禁攀爬各楼层护栏,以防跌倒、摔伤;课间操上下楼梯、升旗集会解散时不要拥挤、推搡,严防发生踩踏事故。

上体育课前要做好准备活动,运动时注意不要剧烈碰撞,以免撞伤或摔伤；操作体育器材时要规范小心，避免自伤和误伤别人；课余活动严禁追赶打闹或进入危险区域；劳动时不要用劳动工具打闹，注意劳动安全；在同学间遇到矛盾时，一定要冷静理智，不要动手动脚，以免给自己和同学带来不良后果。

同学们，校园是我们的家！为了创建文明的校园，为了大家都能健康快乐地成长，让我们携起手来，从现在做起，从自我做起，从点滴做起，严格要求自己，改正不良的行为，共同维护好我们的校园环境，为构建和谐校园贡献自己的一份力量！时刻加强安全意识，努力增强自我防范能力，做到警钟长鸣。

我的演讲结束了，谢谢大家！

合肥一六八玫瑰园学校西校区七(3)班郑嘉昕

思路点拨

这篇演讲稿写得热情昂扬，具有很强的感召力。小作者对安全有着自己充分的认识，对于安全的重要性和意义，有自己独到和具体的理解，因此在演讲中表现得理由充分，信心十足。在语言上也的确不摆“官腔”和显书生气，注意拉近与听众的距离，从日常生活和学习中的事例出发，走“亲民”路线，最后号召大家重视安全，维护安全。文中运用比喻、比拟、夸张等手法增强语言的形象色彩，把抽象化为具体，深奥的道理讲得浅显，枯燥变成有趣。这是一篇有文采、感染力十足的演讲稿。

怎样才能撰写出一篇精彩的演讲稿呢？

一、言之有物

演讲稿观点鲜明，显示着演讲者对一种理性认知的肯定、对客观事物见解的透彻，能给人以可信性和可靠感。例如演讲稿《让安全与我们同行》中小作者对安全有着充分的认识，对于安全的重要性和意义，有自己独到和具体的理解，观点鲜明。

构成演讲稿波澜的要素有很多，有内容，有安排，也有对听众的心理特征和认识事物规律的把握。如果能掌握听众的心理特征和认识事物的规律，恰当地选择材料、安排材料（例如“案例呈现”中“据中国青少年研究中心的全国性大型调查发现，安全事故已经成为青少年儿童的第一杀手。我国每年大约有1.6万名中小学生非正常死亡，平均每天有40多人，也就是说每天有将近一个班的学生在消失”），就能使演讲在听众的心里激起波澜。换句话说，演讲稿要写得有波澜，内容就必须有起有伏，有张有弛，有强调，有反复，有比较，有照应，做到“言之有物”。

二、言之有事

一篇优秀的演讲稿要做到选用事例典型，论据充分，突出一个中心，用理论、事实反复阐明讲演者赞成什么、反对什么，态度鲜明。在演讲稿《让安全与我们同行》中，小作者就是“为了大家都能健康快乐地成长，让我们携起手来，从现在做起，从自我做起，从点滴做起，严格要求自己，改正不良的行为，共同维护好我们的校园环境，为构建和谐校园贡献自己的一份力量！时刻加强安全意识，努力增强自我防范能力，做到警钟长鸣”。从多角度、多方面论述问题时，可以分项来写，各项间可以是递进式，也可以是并列式，根据具体内容灵活安排逻辑结构关系。同时，要留有余地，在论述中心问题时，选用最典型的事例。如在演讲稿《让安全与我们同行》中“上体育课前要做好准备活动，运动时注意不要剧烈碰撞，以免撞伤或摔伤；操作体育器材时要规范小心，要避免自伤和误伤别人；课余活动严禁追赶打闹或进入危险区域；劳动时不要用劳动工具打闹，注意劳动安全；在同学间遇到矛盾时，一定要冷静理智，不要动手动脚，以免给自己和同学带来不良后果”。充分考虑演讲活动的临场性，在选择论据时不妨多准备一点，以便演讲时灵活调换。一句话，论据和事例都要突出演讲主题和中心。合理地使用引语能给演讲增色不少，扩大权威性，增强说服力。在引用名家的话语或文章时，要注意遵循四条原则：

(1)引用材料尽量简短，选择与演讲主题相关的部分；

(2)使引用的材料有机地成为演讲的一部分；

(3)不要重复引用，除非特别强调；

(4)引用准确，不要断章取义。

三、言之有情

演讲稿还要有真挚的感情，才能打动人、感染人，才有鼓动性。因此，写作时要求在表达上注意感情色彩，把说理和抒情结合起来。既有冷静的分析，又有热情的鼓动；既有所怒，又有所喜；既有所憎，又有所爱。如在《让安全与我们同行》中的开头“在父母眼里，我们是娇嫩欲放的花朵；在老师的眼里，我们是展翅待飞的雏鹰。在我们身上寄托着父母、老师、祖国的希望，他们希望我们茁壮成长，成为栋梁之材。然而，有的花还没开放就凋谢了，这是为什么呢？这是因为有些同学忘了安全两字，忽视了安全问题，让关心我们的家长、老师时时担心着，时时牵挂着”。当然这种深厚动人的情感不应是“挤”出来的，而要发自肺腑，就像泉水喷涌而出。演讲时语调的起伏不仅能使演讲更生动，而且还能传达演讲者丰富的情感信息。试想，如果总是用一种平板的语调，不仅使演讲者本身显得无精打采，而且听众也会很快产生疲倦厌烦的心理。一般来说，升调传达着激昂的情绪，如兴奋、愤怒、谴责、疑问；降调则表达灰暗的情绪，如悔恨、伤心、失望和郁闷等。本演讲者就善于运用语调的变化，他的演讲抑扬顿挫，张弛结合。尤其是演讲的后半部分，通过语调的激越高亢以及反复的手段，将演讲推至高潮。

四、言之有度

演讲稿是讲给人听的，因此，写演讲稿首先要了解听众对象：了解他们的思想状况、文化程度、职业状况如何；了解他们所关心和迫切需要解决的问题是什么等。否则，不看对象，演讲稿写得再花工夫，说得再天花乱坠，听众也会感到索然无味，无动于衷，也就达不到宣传、鼓动、教育和欣赏的目的。演讲稿《让安全与我们同行》中“同学们，在我们日常的学习生活中，我们要注意饮食安全，课间安全，交通安全，用电、用火安全，要预防传染性疾病传播等。禁止在校园内吸烟、酗酒、追逐嬉闹，禁止在楼道和电梯内停留、聚集、打闹，禁止起哄或搞恶作剧。要注意活动安全。严禁攀爬各楼层护栏，以防跌倒、摔伤；课间操上下楼梯、升旗集会解散时不要拥挤、推搡，严防发生踩踏事故”，所有的事例都是同学们耳熟能详、看得见的事情。要把演讲者在头脑里构思的一切都写出来或说出来，让人们看得见、听得到，就必须借助语言这个交流工具。因此，语言运用得好还是差，对写作演讲稿影响极大。要提高演讲稿的质量，就不能不在语言的运用上下一番工夫。

五、抑扬顿挫

演讲时声音的大小是最能反映演讲者是否自信的一个因素。一个只能发出小若蚊音、大家扯着耳朵都无法听清的哼唧声的人，是绝不会与自信扯上关系的。当然，也不用扯着嗓子说话，否则不仅容易失声，也会显得失态。演讲者的声音让在场的每一个人能清楚、舒服地听到就可以了，一些特别的句子或词语可以加重语音以作强调。

除了语速和音量，演讲的节奏也是关系成败的一个重要因素。别忘了演讲中也有标点符号，适当的停顿不仅会显得张弛结合，同时也能给听众提供一个理解回味的时间，集中他们的注意力。另外，掌握节奏的快慢有助于控制演讲的时间，同时也是传递感情的一种方式。

六、结尾干脆

美国作家约翰·沃尔夫说："演讲最好在听众兴趣到高潮时果断收束，未尽时戛然而止。"这是演讲稿结尾最为有效的方法。在演讲处于高潮的时候，听众大脑皮层高度兴奋，注意力和情绪都由此而达到最佳状态，如果在这种状态中突然收束演讲，那么保留在听众大脑中的最后印象就特别深刻。结尾是演讲内容的自然收束。言简意赅、余音绕梁的结尾能够使听众精神振奋，并促使听众不断地思考和回味；而松散疲杳、枯燥无味的结尾则只能使听众感到厌倦，并随着时过境迁而被遗忘。

小试牛刀

“生命”，一个多么鲜活的词语；

“安全”，一个多么古老的话题；

“幸福”，一个多么美妙的境界。

同学们：一人安全，全家幸福；生命至上，安全为天。

安全第一，预防为主。生命只有在安全中才能永葆活力，幸福只有在安全中才能永具魅力。安全构筑了我们完美的家园，成为连接亲朋好友的纽带。在安全的问题上，来不得半点麻痹和侥幸；在安全的问题上，我们务必要防范在先、警惕在前，务必要警于思、合于规、慎于行。

最近，学校开展以“人人都是安全宣传员”为主题的演讲比赛，你被班级选中了，将要参加年级比赛，要撰写一篇演讲稿。请按照“思路点拨”中的方法，拿起笔，开动脑筋，写出一篇精彩的演讲稿。

第十六课

学生干部竞选演讲

情境导入

学生会是在校党委领导和校团委指导下的主要学生组织，学生会以“服务同学”为宗旨，主动配合学校做好学校常规管理的各项工作，并创造性地策划、协助学校举办丰富多彩的校园活动。

2020年5月，合肥市第四十八中学2019级学生会主席竞选拉开序幕。校团委召集七、八年级近80名学生会成员召开会议，会上2018级学生会刘主席向大家介绍了新一任学生会主席竞选事宜，通过学生会成员报名自荐与投票互荐的方式确定候选人，学生会主席竞选分为：实践考核与竞选演讲两部分组成。实践考核主要是看参选人平时的工作表现，竞选演讲则是对参选人的思想觉悟、语言表达、缜密思维等综合素质的考察。

几位候选人非常积极地思考：如何写一篇高质量的学生会主席竞选演讲稿？当他们来到团委办公室咨询时，团委书记没有直接给出建议，而是问了同学们这样几个问题：①你通过1年左右的学生会工作实践，心中所理解的学生会是一个什么样的组织？②你经过平日的观察和听开会时的讲解，认为学生会主席的职责是什么？③你身上有哪些特质或经历能帮助你胜任学生会主席一职？④你认为我校学生会工作还有哪些提升空间，你能为之做些什么？老师让每位候选人选择其中两个问题，结合自身专长谈谈看法。经过对以上几个问题的思考与交流，候选人们更加清楚自己的演讲思路了。

候选人经过认真的思考与准备，开始写自己的学生会主席竞选演讲稿。这里以成功竞选主席的李鑫淼同学的演讲稿为例，与大家探讨如何写一篇有说服力的竞选演讲稿。

案例呈现

学生会主席竞选演讲稿

尊敬的老师们，亲爱的同学们：

大家好！

今天站在这里，我有说不出的自豪、高兴和激动。我是来自七(13)班的李鑫淼，现任本班班长，今天十分有幸参与学生会主席的竞选。我性格虽然外向活泼，可是处事能够沉着冷静，顾全大局；我是个待人真诚，敢作敢为的人。拿破仑曾经说过:“不想当元帅的士兵不是好士兵。”而我不仅想做“元帅”,更想做个出色的、成功的、能为同学们真正服务的好“元帅”。我坚信在老师和同学们的共同帮助下,我一定能胜任好这项工作。

当然,我也已经在这个优秀组织里工作一年了,有着丰富的工作经验,对学生会的各项基本工作我很熟悉,同时也与学生会的其他成员相处融洽。另外,我也深深地知道想成为一名优秀的学生会干部,必须胸怀理想,坚定信心,无私奉献,严格自律,坚持团队意识高于一切的理念。

海阔凭鱼跃,天高任鸟飞。学生会是一个全心全意为同学服务的组织,我需要这个更广阔的空间来展示自己的才华和能力。参加学生会主席的竞选,我认为自己不仅具有担任学生会主席的素质和能力,而且有能力辅佐老师安排学生会的各项工作。如果我有幸能在学生会担任主席,我会努力做到以下几点:

一、学会合作,发扬团队精神。如果把学生会比喻为汪洋大海,那么我们每个人的才华、能量,都是大海中的一滴水,只有凝聚所有的水滴才可以使大海波涛汹涌,才可以使学生会显示出无与伦比的集体力量。作为一个学生会干部,我认识到合作的重要性,学会合作才能更好地建设学生会队伍。

二、以身作则,严格要求自己。我希望借助学生会这个平台为自己的青春留下一个富有纪念意义的足迹,也希望因为我担任学生会主席,能为学校学生工作带来可圈可点的印记。作为一个学生会干部,如果自身条件过不了关,怎能服众？这就要求我先正确地认识自己，处处严格要求自己，在学习中、生活中处处起模范带头作用，树新风、扬正气，以正确的思想理论为指导，提高自己的工作水平，全心全意为同学服务。

三、务实肯干，提升业务能力。记得杨主任曾经跟我们说过一句话："学生会不是学生中的官，而是能真正为每位同学甚至为学校做出实际贡献的人。"的确，实干的重要性不容小觑，实干是对一个优秀学生干部的基本要求，尽管这不是一件很容易的事情。因为在学生会的日常工作中，我们需要检查每个班级的卫生情况、升旗仪式、课间操、黑板报和其他各类活动，我会在征求大家意见、量化考核标准的前提下认真完成各项检查，不会有一点私心，更不会以公谋私，用真诚朴实的行动更好地为大家服务，做到言出必有行，有行必有果。

四、凝心聚力，打造品牌文化。学生会是一个有深厚文化积淀，有着内部凝聚力的组织。这种文化体现在学生会所举办的各种活动中，这就要求我们把每一个活动都做成一种文化品牌，而不只是做成一个精品。这种文化会深入到每一个学生会成员的心中，并且传播到校园里的每一个角落。

我能走到今天，得益于大家对我的信任和支持。今天参加竞选的每一位都是大浪淘沙淘出的精英，是众多优秀代表中选出来的精华。俗话说"没有最好，只有更好"，而我就是想做最好的那一个。今天我会以曾经的成绩作为基础，以"做老师的助手，做师生的桥梁，做学生的挚友"为目标，围绕学校中心任务，及时认真地开展好工作，真正做到服务好同学。

我深深地知道，今天的竞选很激烈，可能我不是最优秀的，但是我希望我是最努力的；也许我不是一个优秀的演讲家，但我一定是一个优秀的实干家。

希望评委老师和同学们能给我一个机会，让我能在学生会这个大舞台上施展自己的才能，服务好广大同学！谢谢大家！

合肥市第四十八中学七(13)班李鑫森

思路点拨

在此次学生会主席的竞选活动中，李鑫森同学凭借优秀的竞选演讲稿、大方的仪态和出色的表达，得到评委老师和学生会同学们的一致好评！经综合考量，她当选学生会主席。